실천으로 남긴 가르침

남명 선생 언행록

남명선비문화총서 04

실천으로 남긴 가르침

남명 선생 언행록

2025년 9월 30일 초판 1쇄 펴냄

엮은이 한국선비문화연구원
펴낸이 김흥국
펴낸곳 보고사

책임편집 김태희
표지디자인 김규범

등록 1990년 12월 13일 제6-0429호
주소 경기도 파주시 회동길 337-15 보고사
전화 031-955-9797 팩스 02-922-6990
메일 bogosabooks@naver.com
http://www.bogosabooks.co.kr

ISBN 979-11-6587-916-7 94910
     979-11-6587-756-9 (세트)
ⓒ한국선비문화연구원, 2025

정가 16,000원

남명선비문화총서 04

실천으로 남긴 가르침

남명 선생 언행록

한국선비문화연구원 엮음

보고사
BOGOSA

발간사

오늘날 한국 사회에서 무엇보다 절실히 필
요한 것이 선비정신이다. 이는 앞날을 걱정
하는 원로들의 한결같은 말씀이다. 그것은
전통적 가치를 회복하자는 차원을 넘어 우리
사회의 미래가 심히 걱정되기 때문이다. 선
비란 어떤 사람인가? 사화가 극심하던 16세
기, 지조와 절개를 지키며 나라를 걱정하고 백성을 사랑한 지성인
을 가리킨다. 조선 선비는 마음을 성찰하고 사욕을 극복하여 하늘
을 우러러 한 점 부끄러움이 없는 사람이 되고자 하였다. 이런 선비
들이 사는 세상이 문화강국이다.

유교는 수기치인(修己治人)의 가르침이라 말한다. 그런데 공자는
한 걸음 더 나아가 '자신을 수양하고서 남을 편안히 해주는 사람(修
己安人)'을 군자(君子)라고 하였다. 군자는 사적인 이익보다 공적인
이로움을 우선시하며 의리를 먼저 생각하는 사람으로, 조선 선비
들이 지향하던 인간형이다.

16세기 남명 조식 선생은 사화기에 벼슬에 나가는 것을 단념하
고 도를 구해 기강을 부지하려고 공자의 제자 안회(顔回)처럼 극기

복례를 실천하였다. 수신공부가 잘 되지 않자, 경의검을 차고 다니며 사욕을 베어냈고, 성성자를 차고 다니며 정신을 또렷이 하였다. 그것도 모자라 공자·주자의 초상화를 그려 세워두고서 스승이 옆에 계신 것처럼 엄숙히 하였다. 선생은 수신을 통해 덕성을 드높이면서 권력자와 당당히 맞섰고, 임금에게도 '임금은 의로워야 합니다', '마음을 바르게 하고 수신하세요'라고 아뢰었다. 이것이 선비정신이다.

세상이 어지럽고 도가 무너지던 시대의 학자들은 선생을 모신 덕천서원에 찾아와 절을 올리고 시대를 바로 세울 방안을 물었다. 서원이 훼철된 뒤에는 산천재를 선생의 도가 보존된 곳으로 여겼다. 그 산천재 옆에 설립된 한국선비문화연구원은 시대적 소명을 저버리지 않기 위해 남명선비문화총서를 지속적으로 간행할 예정이다. 다시 이 땅에 선비문화가 찬란히 꽃피울 날을 간절히 염원한다.

한국선비문화연구원 원장
최구식

책을 내면서

언행록은 직접 가르침을 받은 문인이 눈으로 보고 귀로 들은 말씀과 행실을 기록한 글이다. 공자(孔子)의 제자들이 스승에게 직접 들은 말씀[言], 또는 공자가 몸소 실천하신 행실[行]을 각자 기록해 놓았는데, 그것을 후대에 모아 편찬한 책이 바로 『논어』이다. 그 가운데 「향당편(鄕黨篇)」은 공자가 몸소 실천한 행실만 따로 모아놓은 것이다. 말과 행실은 정신을 드러내고 보여주는 것이므로 후인들이 마음에 새기거나 본받고 따라할 수 있는 지침이 된다. 그러므로 큰 선생의 언행록은 후학들에게 지대한 영향을 미친다.

남명 선생의 문인 정인홍(鄭仁弘, 1536~1623)은 스승의 병환이 위중해진 1571년 12월 21일(음력) 산천재로 찾아가 문병하면서 당시의 일을 기록하여 「남명선생병시사적(南冥先生病時事蹟)」을 지었다. 이 글은 남명 선생이 임종할 무렵에도 마음을 붙잡고 보존하고자 한 정신을 드러내는 데 중점을 두고 있는데, 김우옹이 지은 「남명선생언행록」에도 이와 유사한 내용이 보인다.

남명선생언행록을 최초로 지은 사람은 문인 배신(裵紳, 1520~1573)이다. 배신은 남명 선생이 별세한 뒤 조정의 명에 따라 17조항의 「남명선생행록(南冥先生行錄)」을 지어 올렸는데, 그의 문집에 수록되어 있다. 배신은 현풍 출신으로 남명 선생의 문인이다. 그는 1561년 진사시에 합격하였고, 1571년 선비 양성을 위해 동몽교관을 선발할 적에 조목(趙穆)과 함께 수망(首望)으로 천거된 인물이다.

또 남명 선생의 문인이자 외손서인 김우옹(金宇顒, 1540~1603)이 지은 「남명선생언행록(南冥先生言行錄)」이 있는데, 그의 문집 『동강집』에 수록되어 있다. 이 자료는 모두 26조항으로 남명 선생이 평소 강조하신 말씀과 주요 행적을 간추려 기록한 것이다.

그 뒤 박인(朴絪, 1583~1640)이 「남명선생언행총록(南冥先生言行總錄)」을 만들었다. 박인은 정인홍의 문인으로 남명 선생을 존모하여 그 유훈을 세상에 널리 전하고자 노력하였으며, 평생의 정력을 기울여 「남명선생연보(南冥先生年譜)」와 『산해사우연원록(山海師友淵源錄)』(碧寒亭 手稿本, 『남명학연구논총』제2집 영인)을 편찬하였다. 이 『산해사우연원록』에 「언행총록(言行總錄)」 103조항과 「붕우서술(朋友敍述)」 9조항이 수록되어 있다. 박인은 『산해사우연원록』을 생전에 간행하지 못하고 임종할 무렵 임진부(林眞怤, 1586~1658)와 하홍도(河弘度, 1593~1666)에게 부탁하였는데, 그들도 생전에 간행하지 못하였다.

그 뒤 후인들이 1700년 덕천서원에서 『남명선생별집』을 편찬하면서 114조항의 「언행총록(言行總錄)」과 10조항의 「붕우문인서술(朋友門人敍述)」을 수록하였다. 이는 박인이 손수 편찬한 「남명선생언행총록」·「붕우서술」과 다소 차이가 있다. 이는 또한 박인의 후손이 1814년 간행한 『무민당집』에 「남명선생언행총록」 99조항만 수록되어 있고 「붕우서술」이 없는 것과 비교해 볼 때 차이가 있다.

이런 점을 고려하여 이 책의 번역은 1825년에 간행한 『남명선생별집』(1982, 아세아문화사 영인)에 실린 「언행총록」과 「붕우문인서술」을 저본으로 하였다. 그것은 『산해사우연원록』에 수록된 벽한정(碧寒亭) 수고본(手稿本) 「언행총록」 및 『무민당집』에 수록된 「남명선생언행총록」보다 이 자료가 상세하기 때문이다. 요컨대 이 자료는 박인이 편찬한 남명선생언행록을 1700년에 후인이 교정하고 추가하여 만든 것이므로 공론화 과정을 거치고 빠진 것을 보충한 측면이 있어서 보다 완전하다고 할 수 있다. 또 『남명선생별집』에 실린 언행록과 벽한정 수고본 언행록 및 『무민당집』에 실린 언행록의 원문을 대조하여 그 동이(同異)를 부록으로 첨부해 연구자들이 이용하기 편리하게 하였다.

우리의 전통문화는 훌륭한 선현을 본받고 따르면서 그분들처럼 되고자 하는 지향을 통해 전승되었다. 현대 학문 체계에서는 이런 정신이 퇴색되어 이제는 어른들 가운데서도 그런 말씀을 전해줄 사람이 별로 없다. 그래서 오늘날 남명 선생의 언행을 세상에 다시 알려줄 지침서가 절실히 요구된다.

남명선생언행록은 경상우도 지역 사람들에게 "남명 선생은 이렇게 말씀하셨다." 또는 "남명 선생은 이랬다고 하더라."라고 입에서 입으로 수백 년 전해 내려온 남명정신을 가장 잘 보여주는 글이다. 이 책을 읽으며 다시 남명 선생처럼 되고자 하는 꿈을 갖는 청소년이 많아진다면 그보다 더 좋은 교육은 없을 것이다. 그리하여 남명 선생을 닮은 선비가 다시 배출되어 우리의 정신문화를 이끌어갈 미래의 선비가 되기를 기대한다. 나는 남명 선생이 돌아가신 지 약 5백 년이 지난 오늘날, 선생의 언행이 다시 이정표가 되어 이 시대의 어두운 터널을 빠져나가는 한 줄기 빛이 되리라 확신한다.

이 책을 번역하고 교정하는 일에 도움을 강도현, 구진성, 권난희, 강지옥 선생의 노고에 감사드리며, 서화 작품을 사용하도록 선뜻 허락해 주신 윤효석 선생께도 깊은 감사를 드린다. 아울러 어려운 이 책을 흔쾌히 출판해 주신 보고사 김흥국 사장 및 관계자 여러분께도 감사의 말씀을 전한다.

2025년 8월 1일
한국선비문화연구원 부원장
최석기

차례

일러두기

1. 이 책은 정인홍의 『내암집』에 실린 「남명선생병시사적」, 배신의 『낙천집』에 실린 「남명선생행록」, 김우옹의 『동강집』에 실린 「남명선생언행록」 및 1825년 덕천 서원에서 간행한 『남명선생별집』(1982, 아세아문화사 영인) 권1에 수록되어 있는 「언행총록」・「붕우문인서술」을 저본으로 번역하였다.

2. 번역문은 기사별로 일련번호를 차례로 부여하여 구별하였으며, 번역문 뒤에 원문을 배치하여 함께 읽을 수 있도록 하였다.

3. 원문에 추가로 삽입한 부분에는 '〔추가〕'라고 표시하여 구별하였다.

4. 현대인이 이해하기 쉽게 번역하였으며, 고전 용어와 관직・지명・인명에는 주석을 달아 이해를 도왔다.

5. 각 항목 뒤에는 출전을 밝혀놓았다.

6. 부록으로 붙인 원문 대조표는 번역 저본인 1825년에 간행한 『남명선생별집』의 「언행총록」, 박인이 편찬한 수고본인 『산해사우연원록』에 수록된 「언행총록」, 1814년 박인의 후손이 만든 『무민당집』에 수록된 「남명선생언행록」을 상호 비교한 것이다.

7. 이 책에 쓰인 괄호 기호의 쓰임은 다음과 같다.

   - 【 】: 원문에 소자(小字)로 쓰인 내용
   - 〈 〉: 역자가 독자의 편의를 위해 추가한 내용
   - ( ): 한자의 병기나 단어 설명
   - 〔 〕: 음가가 다른 경우

제1부

『남명선생별집』의

언행총록

언행총록[*]
言行總錄

【선생의 묘비문(墓碑文)¹과 행장(行狀)²은 모두 문집에 실려 있는데, 지금 모두 수록할 수가 없어서 언행과 실제 행적을 간추리고, 그 외에 보고 들은 일을 널리 수집하여 아래와 같이 차례 지어 편집하였다.】

---

* 이 자료는 1825년에 간행한 『남명선생문집』(1982, 아세아문화사 영인)의 별집(別集) 권2에 수록되어 있는 「언행총록(言行總錄)」을 저본으로 하여 번역하였다. 이 「언행총록」은 박인(朴絪, 1583~1640)의 문집 『무민당집(无悶堂集)』 권5에 수록되어 있는 「남명선생언행총록」과 약간의 차이가 있는데, 두 본을 비교하여 뒤에 도표로 정리해 놓았다. 박인의 자는 백화(伯和), 호는 무민당(无悶堂), 본관은 고령이다. 합천 야로에 살았으며, 정인홍(鄭仁弘, 1536~1623)에게 수학하였다.

1 묘비문(墓碑文): 성운(成運)이 지은 남명의 묘갈명으로, 1609년에 간행한 『남명선생집』(기유본, 한국문집총간 제31책)에는 권두에 「묘비문(墓碑文)」이라는 제목으로 실려 있고, 1825년에 간행한 『남명선생문집』(1982, 아세아문화사 영인) 권5에는 「묘갈명병서(墓碣銘幷序)」라는 제목으로 실려 있으며, 성운의 문집 『대곡집(大谷集)』 권하에는 「남명선생-조식-묘갈(南溟先生-曹植-墓碣)」이라는 제목으로 실려 있다. 이후로 성운이 지은 「묘비문」은 1982년 아세아문화사에서 영인한 『남명선생문집』에 실린 「묘갈명병서」로 통일하여 표기하기로 한다.

2 행장(行狀): 남명의 행장은 정인홍(鄭仁弘)이 지은 것과 김우옹(金宇顒)이 지은 것

【先生墓碑行狀 俱載文集 今不能盡錄 節其言行實蹟 旁探聞見遺事
編次如左】

순수하고 아름다운 기질

【이는 선생의 기질(氣質)이 순수하고 아름다운 점을 기록한 것이
다.】
【此記先生氣質之粹美】

1. 선생의 흉금은 깨끗하고 고상하였으며, 두 눈은 형형하게 빛
   났다. 그래서 선생을 바라보면 속세의 인물이 아님을 알았다.[3]
○ 先生氣宇淸高 兩目炯耀 望之 知其非塵世間人物

세상사에 얽매이지 않은 젊은 시절의 지취

【이 이하는 선생이 젊은 시절 세상사에 얽매이지 않은 지취(志趣)

2편이 있다. 1609년에 간행한 『남명선생집』에는 권두에 정인홍이 지은 「행장」이
실려 있고, 1825년에 간행한 『남명선생문집』(1982, 아세아문화사 영인) 권5에는
김우옹의 「행장」이 실려 있다.
3   이 내용은 정인홍이 지은 「행장」에 보인다.

를 기록한 것이다.】

【此下記先生少時不羈之志】

  2. 선생께서는 약관(20세)의 나이가 되기도 전에 호걸스럽고 용
    맹하여 세상사에 얽매이지 않았으며, 공명(功名)[4]과 문장(文章)
    으로 자부하여 한 시대를 뛰어넘어 옛날 훌륭했던 인물들을
    능가하려는 마음이 있으셨다. 독서할 적에는 『춘추좌씨전(春
    秋左氏傳)』[5]과 유종원(柳宗元)의 문자[6]를 즐겨 읽었으며, 글을
    지을 적에는 기이하고 고상하게 하기를 좋아하여 세상에 유
    행하는 문체[7]를 달갑게 여기지 않으셨다. 여러 번 초시(初試)[8]
    에 합격하여 명성이 사림에 진동하였다.[9]

---

4   공명(功名): 큰 공적을 세워 이름이 나는 것을 말한다.
5   『춘추좌씨전(春秋左氏傳)』: 공자가 지은 『춘추』를 좌구명(左丘明)이 해석한 책으
    로 선진고문(先秦古文)을 대표하는 문장이다.
6   유종원(柳宗元)의 문자: 유종원은 당나라 때 문장가로 한유(韓愈)와 함께 화려한
    형식미를 배격하고 내용이 박실한 고문(古文)을 주장한 사람이다. 후대 당나라의
    고문과 송나라의 고문을 합하여 당송고문이라 하지만, 한유와 유종원의 고문은
    선진·양한(兩漢)의 고문에 가까우며, 송나라의 고문과는 다르다는 평을 받았다.
7   세상에……문체: 16세기 조선에서 유행한 송나라의 고문을 가리킨다.
8   초시(初試): 남명은 20세 때 사마시 초시 및 문과 초시에 모두 합격하였는데, 사마
    시 회시(會試)에는 응시하지 않고 문과 회시에만 응시하여 낙방하였다. 이후로는
    문과 초시에만 응시하여 여러 번 합격하였다.
9   이 내용은 정인홍이 지은 「행장」에 "未冠 以功各文章自期 有駕一世軼千古之意 讀書
    喜左柳文字 製作好奇高 不屑爲世體 屢捷發鮮 名震士林"이라고 한 것과 김우옹이 지은
    「행장」에 "早歲 豪勇不羈 稍長 喜爲文 務爲奇古 以文章自負"라고 한 것을 종합하여
    말한 것이다.

○ 先生未冠 豪勇不羈 以功名文章自期 有駕一世軼千古之意 讀
書喜左柳文字 製作好奇高 不屑爲世體 累捷發解 名震士林

3. 선생이 스스로 말씀하시기를 "나는 타고난 기질이 매우 경박
해서 오직 남을 깔보는 것을 고상하게 여겼다. 남을 대할 적에
깔볼 뿐만 아니라, 세상사에 대해서도 깔보는 바가 있었다. 그
래서 부귀나 재물 보기를 지푸라기나 진흙처럼 하찮게 여겼
다. 경솔하고 허황되게 고상한 척하며, 큰소리를 치고 팔을 걷
어붙이고 격분하는 등 항상 세상을 초탈할 듯한 기상이 있는
것처럼 하였다."라고 하셨다.[10]

○ 先生自言 余受氣甚薄 惟以傲物爲高 非但於人有所傲 於世亦
有所傲 其見富貴貨利 蔑如草泥 儦忽矯擧 浩嘯攘臂 常若有遺
世之像焉

기질을 변화시키신 면모

【이 이하는 선생이 자신의 기질을 변화시킨 것을 기록한 것이다.】
【此下記先生變化氣質】

---

10 이 내용은 『남명집』 권2에 실린 「서규암소증대학책의하(書圭菴所贈大學册衣下)」
에 보인다.

4. 선생께서 어느 날 독서하다가 허
   노재(許魯齋)[11]의 말을 접하고서,
   깜짝 놀라 자신의 공부를 각성하
   셨다. 이때부터 실학(實學)[12]에 독
   실히 뜻을 두고 굳건하고 고달프
   며 각고면려하여 다시는 속된 학
   문[13]에 마음이 흔들리지 않으셨
   다. 허공을 날아오를 듯 세상사
   에 얽매이지 않으려는 지향을 한
   순간 바꾸어서 움직이거나 고요

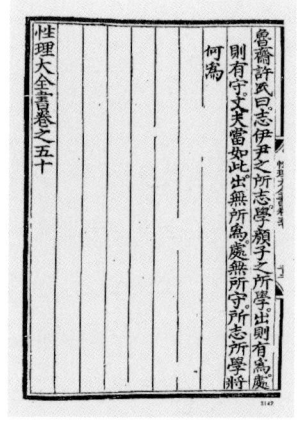

『성리대전서』 권50 '許魯齋曰……'

히 있을 때나 말하거나 침묵할 적에 다시는 옛날의 모습이 아
니셨다.[14]

○ 先生一日讀書 得許魯齋之言 惕然覺悟 自是 篤志實學 堅苦刻

---

11 허노재(許魯齋): 1209~1281. 중국 송말원초(宋末元初)의 학자 허형(許衡)으로, 자
    는 중평(仲平)이며, 노재는 그의 호이다. 요추(姚樞)에게 정호(程顥)·정이(程頤)와
    주희(朱熹)의 학문을 배웠고, 도학을 실천하는 것으로 임무를 삼았다. 1254년 원
    나라 조정에서 경조제학(京兆提學)과 집현대학사겸국자좨주를 지냈다. 주희와 육
    구연(陸九淵)의 학문을 조화시켜 원나라에 주자학을 성행하게 하였고, 중국의 전
    통적 방법에 의한 통치를 권고하였다. 시호는 문정(文正)이며, 저서로 『허노재집
    (許魯齋集)』등이 있다.
12 실학(實學): 여기서 말하는 '실학'은 조선 후기에 태동한 새로운 사조를 의미하는
    '실학'이 아니라, 통시대적으로 쓰인 자신을 위한 실질적인 학문인 위기지학(爲己
    之學)을 가리키는 말이다.
13 속된 학문: 과거 공부 또는 문장이나 짓는 등의 학문을 가리킨다.
14 이 내용은 정인홍이 지은 「행장」에 보인다.

W　厲 不復爲俗學所撓 飛揚不羈之志 一頓點化 動靜語默 非復舊
　　時樣子

5. 선생께서는 닭 울음소리를 듣고 새벽에 일찍 일어나 머리에
   관을 쓰고 허리에 띠를 두르고서, 자리를 바르게 하고 시동(尸
   童)[15]처럼 앉아 어깨와 등을 꼿꼿하게 바로 세우고 독서하셨
   다. 그 모습을 바라보면 마치 그림이나 조각상과 같았다.[16]

○　先生聽鷄晨興 冠頂帶腰 正席尸坐 肩背竦直 望之 若圖形刻像

6. 선생께서는 마음을 붙잡고 실천하는 것이 과감하고 확고했으
   며, 움직일 적에는 법도를 따르셨다. 눈으로 볼 적에는 두리번
   거리는 일이 없었고, 귀로 들을 적에는 남의 말을 훔쳐 듣는
   일이 없으셨다. 장엄하고 공경하는 마음이 항상 가슴속에 보
   존되었으며, 나태하고 게으른 용모가 밖으로 드러나지 않으
   셨다.[17]

○　先生操履果確 動循繩墨 目無淫視 耳無側聽 莊敬之心 恒存乎
　　中 惰慢之容 不形于外

15　시동(尸童): 시(尸)는 신주(神主)의 뜻으로, 옛날에는 동자를 깨끗이 목욕시켜 신
　　위(神位)에 앉혀 선조의 영혼을 대신하여 제사하였는데, 이 아이를 '시동'이라 하
　　였다. 후대에는 나무로 신주를 만들어 신위에 모시고 제사를 지냈다.
16　이 내용은 성운이 지은 「묘갈명병서」에 보인다.
17　이 내용은 성운이 지은 「묘갈명병서」에 보인다.

7. 선생의 위엄 있는 용모와 행동거지는 여유로우면서도 우아하여 절로 준칙이 있었다. 아무리 다급하고 소란스러운 상황에 부닥쳐도 떳떳한 법도를 잃지 않으셨다.[18]

○ 先生威儀容止舒遲閑雅自有準則雖在忽卒驚擾之間不失常度

공력을 기울인 학문과 주도면밀한 존심양성(存心養性)

【이 이하는 선생이 학문할 적에 쏟은 공력과 존양(存養)[19]할 적의 엄밀한 모습을 기록한 것이다.】
【此下記先生學問之功存養之密】

8. 선생께서는 책상을 닦고 책을 펼쳐놓고서 마음과 눈길을 모두 글에 집중하셨다. 묵묵히 글을 보며 침잠하여 사유하면서 입으로는 중얼거리는 소리를 내지 않으셨다. 공부방 안이 적막하여 마치 사람이 없는 것 같았다.[20]

○ 先生拂床開卷 心眼俱到 默觀而潛思 口不作吾伊之聲 齋房之內 寂然若無人

---

18   이 내용은 성운이 지은 「묘갈명병서」에 보인다.
19   존양(存養): 존심양성(存心養性)의 준말로, 마음이 달아나지 않게 거두어 보존하고서 본성을 함양한다는 뜻이다. 성리학의 수양론에서는 마음이 움직이기 전의 공부를 말한다.
20   이 내용은 성운이 지은 「묘갈명병서」에 보인다.

9. 선생께서는 서실에 홀로 거처하셨는데, 정갈하게 정돈되어 말끔하였으며 서책과 가구들이 일정하게 배치되어 있었다. 하루 종일 단정히 앉아 계셔서, 자리에 눕거나 벽에 비스듬히 기대고 계신 모습을 본 적이 없었다.[21]

○ 先生獨處書室 整齊瀟灑 書冊器用 安頓有常 終日端坐 未嘗見其隤隳傾倚之時

10. 선생께서는 문밖으로 발을 내딛지 않으셨다. 비록 옆집에 사는 사람일지라도 선생의 얼굴을 보는 일이 드물었다.[22]

○ 先生足不躡門墻之外 雖連棟而居者 罕得見其面

11. 선생께서는 독서할 적에 장(章)과 구(句)로 세밀히 분석하지 않아, 때로는 10줄씩 한 번에 읽어 내려가기도 하셨다. 그러다 자신에게 절실한 대목을 만나면 바로 깊이 이해하고 넘어가셨다.[23]

○ 先生讀書 不曾章解句析 或十行俱下 到切己處 便領略過

12. 선생께서 일찍이 말씀하시기를 "학자는 잠을 많이 자서는 안 된다. 사색(思索)하는 공부는 밤에 더욱 집중할 수 있다."라고

---

21 이 내용은 김우옹이 지은 「행장」에 보인다.
22 이 내용은 성운이 지은 「묘갈명병서」에 보인다.
23 이 내용은 정인홍이 지은 「행장」에 보인다.

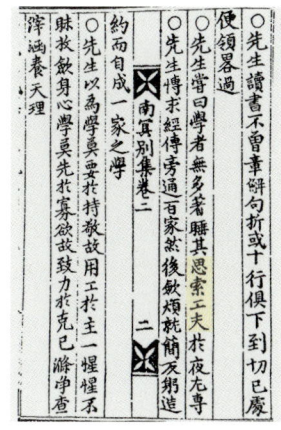

사색공부(思索工夫)

반궁실천 윤효석 作

하셨다.[24]

○ 先生嘗曰 學者無多著睡 其思索工夫 於夜尤專

13. 선생께서는 경전을 널리 탐구하고 제자백가의 설도 두루 통달하셨다. 그런 뒤에 번잡한 내용을 간추려 간명하게 하고서 자신에게 돌이켜 실천하는 데로 나아가 스스로 일가의 학문을 이루셨다.[25]

○ 先生博求經傳 旁通百家 然後斂煩就簡 反躬造約 而自成一家之學

---

24 이 내용은 성운이 지은 「묘갈명병서」에 보인다.

25 이 내용은 정인홍이 지은 「행장」과 김우옹이 지은 「행장」에 모두 보인다.

14. 선생께서는 '학문을 할 적에는 지경(持敬)[26]보다 더 중요한 것은 없다'고 생각하셨다. 그러므로 주일(主一)[27]에 공력을 기울여 혼매하지 않고 항상 깨어있으면서 몸과 마음을 수렴하셨다. 또 '학문을 할 적에는 욕심을 적게 하는 것보다 더 먼저할 일이 없다'고 생각하셨다. 그러므로 극기(克己)[28]에 힘을 극진히 하여 인욕(人欲)의 찌꺼기를 깨끗이 씻어내면서 천리(天理)[29]를 함양(涵養)[30]하셨다.[31]

○ 先生以爲學莫要於持敬 故用工於主一 惺惺不昧 收斂身心 學莫先於寡欲 故致力於克己 滌淨查滓 涵養天理

15. 선생께서는 눈에 보이지 않고 귀에 들리지 않는 곳에서도 경계하고 삼갔으며, 깊숙한 곳에서 혼자만 알고 있는 은미한 지점에서 성찰하셨다.[32] 앎을 이미 정밀히 하였는데도 더욱 정

---

26 지경(持敬): 공경한 마음을 항상 유지하는 것이다. 경(敬)은 하늘이 항상 나를 내려다보고 있다고 여기는 도덕적 긴장감이다.

27 주일(主一): 한마음을 주로 하는 공부로, 경(敬)을 통해 마음이 달아나지 않게 하는 것이다.

28 극기(克己): 극기복례(克己復禮)를 뜻하는 말로, 자신의 사욕을 물리쳐서 예를 회복한다는 뜻이다.

29 천리(天理): 인욕(人欲)과 상대적인 말로, 성리학에서는 하늘의 도리인 천리를 보존하고 인욕을 막는 것을 중시한다. 여기서 천리는 인의예지신(仁義禮智信)의 본성을 가리킨다.

30 함양(涵養): 함(涵)은 침잠(沈潛)한다는 뜻이고, 양(養)은 수양(修養)한다는 뜻이니, 함양은 깊이 침잠하여 자신의 본성을 수양한다는 의미이다.

31 이 내용은 성운이 지은 「묘갈명병서」에 보인다.

조존함양 윤효석 作

밀하게 알기를 구하였으며, 실천에 이미 힘썼는데도 그 힘을
더욱 기울이셨다. 자신에 돌이켜 체득하고 징험하여 실제의
처지에서 실천하는 것을 임무로 하였으니, 이치를 탐구하면
반드시 그 경지를 실천하고자 하셨다.[33]

○ 先生戒愼乎不覩不聞 省察乎隱微幽獨 知之已精而益求其精
行之已力而益致其力 以反躬體驗脚踏實地爲務 求必蹈夫閫域

16. 선생께서는 특별히 '경의(敬義)' 자를 제시하여 창과 벽 사이에
크게 써놓으셨다. 일찍이 말씀하시기를 "우리 유가에 이 두 자

---

32 이는 『중용장구』 제1장에 "군자는 자신이 눈으로 보지 못하는 데에서도 경계하
고 삼가며, 자신이 귀로 듣지 못하는 데에서도 두려워하고 두려워한다. 천하의 일
은 은미한 것보다 더 잘 나타나는 것이 없으며, 미세한 것보다 더 잘 드러나는 것
이 없으니, 그러므로 군자는 자신이 혼자만 알고 있는 마음속에 싹튼 생각을 신중
히 한다.[君子 戒愼乎其所不聞 恐懼乎其所不睹 莫見乎隱 莫顯乎微 故 君子 愼其獨也]"
라고 한 것을 잘 실천하였다는 말이다.

33 이 내용은 성운이 지은 「묘갈명병서」에 보인다.

경의 윤효석 作

가 있는 것은 하늘에 해와 달이 있는 것과 같아서, 만고의 세
월이 흘러도 바뀌지 않는다. 성현의 천 마디 만 마디 말씀도 그
귀결점을 찾아보면 모두 이 두 글자 밖을 벗어나지 않는다."라
고 하셨다.[34]

○ 先生特提敬義字 大書窓壁間 嘗曰 吾家有此二字 如天之有日
月 洞萬古而不易 聖賢千言萬語 要其歸 都不出二字外也

17. 선생께서 말씀하시기를 "학문을 해도 주경공부(主敬工夫)[35]에

---

34 이 내용은 정인홍이 지은 「행장」에 보인다.

35 주경공부(主敬工夫): 경(敬)를 주로 하는 공부를 말한다. 송대 학자들이 언급한 주
    경공부로 정이(程頤)의 정제엄숙(整齊嚴肅)과 주일무적(主一無適), 사량좌(謝良佐)
    의 상성성(常惺惺), 윤돈(尹焞)의 기심수렴 불용일물(其心收斂 不容一物) 등을 주로
    언급하는데, 여기에 주희(朱熹)의 대월상제(對越上帝)와 유외근지(惟畏近之)를 더

흠결이 있으면, 그가 학문을 하는 것은 거짓이다. 맹자가 말씀하기를 '학문을 하는 방도는 다른 것이 없다. 자신의 달아나는 마음을 거두어들이는 것일 뿐이다.'[36]라고 하였으니, 이것이 바로 주경공부이다."라고 하셨다.[37]

○ 先生曰 學而欠主敬工夫 則其爲學僞矣 孟子曰 學問之道 無他 收其放心而已 此是主敬工夫也

18. 선생께서는 화(和)·항(恒)·직(直)·방(方)[38]을 네 글자 부절(符

하면 마음을 공경히 하는 경공부를 이해할 수 있다.

36 학문을……뿐이다: 『맹자집주』 「고자 상(告子上)」에는 "學問之道 無他 求其放心而已"로 되어 있다. 송나라 정이(程頤)는 "닭과 개가 달아나면 찾을 줄 알면서도 마음이 달아나면 찾을 줄 모르니, 어찌 그 지극히 가벼운 것을 아까워하면서 그 지극히 중요한 것을 잊는단 말인가."라고 하여, '구방심(求放心)'을 '외물의 유혹에 끌려가는 마음을 알아차리고서 거두어들이는 것'으로 풀이하였다.

37 이 내용은 『남명집』 권2 「시송파자(示松坡子)」에 보인다.

38 화(和)·항(恒)·직(直)·방(方): 『남명집』 권1에 실린 「신명사명(神明舍銘)」의 '발사자부(發四字符)' 아래 주에 "네 글자 부절은 화(和)·항(恒)·직(直)·방(方)이다. 예(禮)의 쓰임은 화(和)가 귀중하니, 화(和)는 절도에 맞는 것이다. 떳떳한 말을 신의 있게 하고 떳떳한 행실을 삼가는 것이 항(恒)이니, 항(恒)은 오래 지속하는 것이다. 혼자만 알고 있는 마음속에 싹튼 생각을 삼가는 것이 직(直)이고, 내 마음의 공정한 법도로 남의 마음을 헤아리는 것이 방(方)이다.[禮之用和 和中節 庸信謹恒 恒悠久 謹獨直 絜矩方]"라고 하였다. '예지용화(禮之用和)'는 『논어』 「학이」에 "예지용 화위귀(禮之用 和爲貴)"를 말한 것이고, '용신근항(庸信謹恒)'은 『주역』 「건괘(乾卦) 문언전(文言傳)에 "떳떳한 말을 신의 있게 하고, 떳떳한 행실을 삼가서 사악한 마음을 막고 진실한 마음을 보존한다.[庸言之信 庸行之謹 閑邪存其誠]"라고 한 공자의 말씀을 줄여 쓴 것이다. 근독(謹獨)은 『대학』과 『중용』에 보이는 신독(愼獨)을 말하는 것으로, 혼자만 알고 있는 마음속에 싹튼 생각을 신중히 하는 것이다. 혈구(絜矩)는 『대학』에 보이는 말로, 내 마음속의 공정한 법도로써 남의 마

節)로 삼고, 격물치지(格物致知)[39]를 제일(第一)의 공부로 삼으셨다.[40]

○ 先生以和恒直方 爲四字符 以格物致知 爲第一工夫

19. 선생께서는 마음을 공경히 하면서 마음과 호흡이 서로 조응하게 하였고, 기미를 살펴 움직임과 미세한 것을 살피고 알아차려, 이 두 가지로 주일법(主一法)[41]과 근독법(謹獨法)[42]으로 삼으셨다.[43]

○ 先生敬以心息相顧 幾以察識動微 爲主一謹獨法

음을 헤아리는 것이다. 직(直)과 방(方)은 『주역』 「곤괘(坤卦) 문언전(文言傳)」의 "경이직내 의이방외(敬以直內 義以方外)"에서 나온 것으로 여기서는 그것을 실천하는 핵심으로 신독과 혈구를 말한 것이다.

39 격물치지(格物致知): 『대학』 팔조목에 보이는 말로, 주자는 "사물에 나아가 그 이치를 아는 것을 극진히 한다."라는 뜻의 즉물궁리(卽物窮理)로 해석하였다. 이는 사물의 이치를 아는 지(知)에 해당한다. 남명이 격물치지를 제일의 공부로 삼았다는 것은 지(知)를 먼저 하고 행(行)을 뒤에 한다는 주자학의 선지후행(先知後行)을 수용했다는 뜻이다.

40 이 내용은 정인홍이 지은 「행장」에 보인다.

41 주일법(主一法): 일심(一心)을 위주로 하는 심성수양법으로, 도덕적 긴장감인 경(敬)을 주로 한다. 일심을 위주로 하는 것은 마음이 흩어져 여러 갈래로 분화되지 않고 전일하게 하는 것이다. 이는 마음이 발하기 전의 존양(存養)이다.

42 근독법(謹獨法): 근독(謹獨)은 『대학』과 『중용』에 보이는 '신독(愼獨)'을 송나라 효종(孝宗)의 이름을 피해 주자가 일컬은 어휘로, '혼자만 알고 있는 마음속에 싹튼 생각'을 의미한다. 신독이나 근독을 "홀로를 삼가다." 또는 "혼자 있을 때를 삼가다."라고 해석하면 그 뜻을 온전히 안 것이라 할 수 없다. 근독법은 마음이 발한 뒤의 성찰(省察)이다.

43 이 내용은 정인홍이 지은 「행장」에 보인다.

성성자   경의검

20. 선생께서는 「금인명(金人銘)」[44]을 짓고, '색태(塞兌)'[45]라는 글자를 써 붙여 '말을 삼가는 경계[謹言戒]'로 삼으셨다.[46]

○ 先生作金人銘 書塞兌字 爲謹言戒

21. 선생께서는 항상 쇠 방울을 차고 다니셨는데, 그것을 '성성자(惺惺子)'라고 부르셨다.【이는 대개 주인옹을 불러 깨우는 공

---

44   금인명(金人銘):『남명집』권1에 실려 있다. 금인(金人)은 주나라 시조 후직(后稷)의 사당 오른쪽 계단 앞에 쇠로 만들어 세운 사람이다. 공자가 주나라 태묘(太廟)에서 이 금인을 보았는데 입은 세 번 봉해져 있었으며, 등에는 "옛날 말을 삼간 사람이다."라고 새겨져 있었다.『공자가어』「관주(觀周)」등에 보인다.

45   색태(塞兌):『노자』에 "그 구멍을 막고, 그 문을 닫다.[塞其兌 閉其門]"라고 한 데서 취한 것이다. 이 '태(兌)' 자의 주에 "태는 눈이다.[兌 目也]"라고 하고, 또 "태는 이목구비이다.[兌 耳目口鼻也]"라고 하였으니, '색태'는 이목구비의 감각기관을 통해 일어나는 인욕을 막는다는 의미이다.

46   이 내용은 정인홍이 지은 「행장」에 보이는데, 이 문구 뒤에 "모두 기물에 경구를 써 붙이고서 생각을 늘 거기에 둔 것이다.[皆標題而念在焉]"라는 구절이 더 있다.

부[47]이다.[48] 연평(延平) 이 선생(李先生)[49]도 일찍이 방울을 차고 다녔다.】

○ 先生常佩金鈴 號曰惺惺子【蓋喚醒之工也 延平李先生亦嘗佩之】

22. 선생께서는 항상 가죽 띠를 착용하고 계셨는데, 그 혁대에 쓰신 명(銘)에 "혀는 발설하는 것이고, 가죽은 몸을 묶는 것. 살아있는 용을 묶듯이 혀를 묶어서, 아득히 깊은 곳에 감추어두라."라고 하셨다.[50]

○ 先生常束革帶 銘曰 舌者泄 革者結 縛生龍 藏漠沖

23. 선생께서는 보배로운 단도를 차고 다니길 좋아하셨는데, 그 패도에 쓰신 명(銘)에 "안으로 내면을 밝히는 것은 경(敬)이고,

---

47 주인옹을……공부: 송나라 때 선승 서암(瑞巖)은 매일 아침저녁으로 "주인옹(主人翁: 마음)은 성성(惺惺)한가?"라고 자문하고서, "성성하다."라고 자답하였다고 한다. (『심경부주』권1 「경이직내장(敬以直內章)」 부주(附註) 주자의 설)

48 정인홍이 지은 「행장」에는 "常佩金鈴 號曰惺惺子 蓋喚惺之工也"라고 하였고, 김우옹이 지은 「행장」에는 "常佩金鈴 以自警省 號曰惺惺子 蓋喚醒之工也"라 하여, 성성자를 차고 다닌 것을 환성공부로 언급하였다.

49 이 선생(李先生): 송나라 학자 이동(李侗, 1093~1163)을 말한다. 자는 원중(願中), 호는 연평(延平), 시호는 문정(文靖)이며, 검남(劍南) 사람이다. 나종언(羅從彦)이 양시(楊時)에게 이정(二程)의 낙학(洛學)을 전수받았다는 말을 듣고서 나종언에게 나아가 배웠다. 이정의 학문이 주희(朱熹)에게 이어지는 교량적 역할을 하였다.

50 이 내용은 정인홍이 지은 「행장」과 김우옹이 지은 「행장」에 모두 보인다.

밖으로 사물을 처단하는 것은 의(義)이다.”라고 하셨다.[51]

○ 先生愛佩寶刀 銘曰 內明者敬 外斷者義

24. 선생께서는 일찍이 깨끗한 잔에 맑은 물을 담아 밤을 새도록
    두 손으로 잔을 받드셨다.[52]【이는 대체로 의지를 견지하는 일
    이다.】

---

51 이 내용은 정인홍이 지은 「행장」과 김우옹이 지은 「행장」에 모두 보인다.
52 이 내용은 김우옹이 지은 「행장」에 보인다.

○ 先生嘗以淨盞貯淸水 兩手捧之終夜【蓋持志之事也】

25. 선생께서는 옛 성현의 초상을 그려 좌우에 펼쳐놓고서 눈으로 살피고 마음으로 사려하며 엄숙히 공경심을 일으키셨다. 마치 스승과 함께 마주 앉아 얼굴을 맞대고 귀로 그 가르침을 받는 것처럼 하셨다.[53]

○ 先生畫古聖賢遺像 張在左右 目存而心思 肅然起敬 如在函丈 間 耳受面命之誨

여러 분야에 두루 통달하신 점

【이 이하는 선생의 재주가 높고 의지가 강건하여 어느 것인들 통달하지 않음이 없음을 기록한 것이다.】
【此下記先生才高志彊而無所不通】

26. 선생께서는 음양(陰陽) · 지리(地理) · 의약(醫藥) · 도가류(道家流)의 말에 대해서도 그 대강을 섭렵하지 않음이 없었으며, 활을 쏘고 말을 타고 군대의 대열을 갖추고 진을 치는 법이나 관

---

53 이 내용은 성운이 지은 「묘갈명병서」에 보인다. 정인홍이 지은 「행장」에는 "옛날 성현의 초상을 그려 책상 앞에 수시로 펼쳐 놓고서 정숙한 용모로 마주 대하듯이 하셨다.[畫先聖賢遺像 時展几案 肅容以對]"라고 하였다.

문을 방어하고 국경을 수비하는 점에 대해서도 관심을 두고 궁구하여 알지 못하는 것이 없으셨다.[54]

○ 先生於陰陽地理醫藥道流之言 無不涉其梗槪 以及弓馬行陣 之法 關防鎭戍之處 靡不留意究知

27. 선생께서 글을 지으실 적에는 처음부터 구상하지 않고 바람 이 불듯 우레가 치듯 곧장 써 내려갔으며, 다듬거나 고치지 않 으셨다. 기이한 문장과 심오한 의미는 아무리 노숙한 유학자 라 할지라도 때로 간파할 수 없었다.[55]

○ 先生發之文辭也 初不經意 而風驅雷迅 不加點改 奇辭奧意 雖宿儒 或不能看透

28. 선생께서는 항상 시황계(詩荒戒)[56]를 지키셨다. 선생께서는 '시는 사람의 의중을 공허하게 만드니, 매우 학자의 병통이 된 다.'고 생각했기 때문에 시 짓는 일을 기뻐하지 않으셨다.[57]

○ 先生常持詩荒戒 以爲詩人意致虛曠 大爲學者之病 故不喜 述作

---

54 이 내용은 김우옹이 지은 「행장」에 보인다.
55 이 내용은 정인홍이 지은 「남명선생집서(南冥先生集序)」에 보인다. 이 「남명선생집 서」는 계명대학교 동산도서관 소장 『남명집』(1606, 병오본) 첫머리에 실려 있다.
56 시황계(詩荒戒): 시는 사람의 심지(心志)를 황폐하게 한다는 경계이다.
57 이 내용은 『남명집』(1606, 병오본) 권두에 수록된 「남명선생집서」에 보인다.

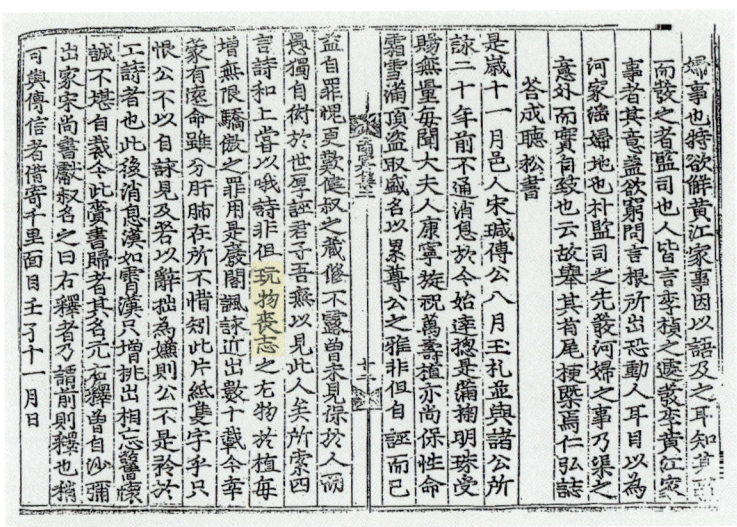

완물상지(玩物喪志)

29. 선생께서 중년에 성청송(成聽松)[58]에게 보낸 편지에서 말씀하
   시기를 "저는 시를 읊조리는 일은 완물상지(玩物喪志)[59]하는
   애물단지일 뿐만 아니라, 저에게는 매번 무한히 교만해지는
   죄를 더하는 것이라고 항상 생각하였습니다. 이 때문에 시 읊
   조리는 일을 그만둔 지가 거의 수십 년이나 되었습니다."라고

---

58 성청송(成聽松): 성수침(成守琛, 1493~1564)이다. 자는 중옥(仲玉), 호는 청송, 본
   관은 창녕이다. 조광조의 문인이며, 성혼의 부친이다. 벼슬을 사양하고 파주에 은
   거하였다.

59 완물상지(玩物喪志): 이 말은 『서경』「여오(旅獒)」에 보이는데, 송나라 때 도학자
   정자(程子)는 이를 풀이하면서, 학자가 도를 구하는 데 뜻을 두지 않고 서예·편지·
   암송·문장 등의 기예에 치중하는 것을 모두 완물상지하는 일로 보아 경계하였다.

하셨다.[60]

○ 先生中年 答成聽松書曰 常以哦詩 非但玩物喪志之尤物 於某
每增無限驕傲之罪 用是廢閣諷詠 近出數十載

30. 선생께서는 만년에 스스로 말씀하시기를 "나는 고문(古文)[61]
을 배웠으나 완성하지 못하였고, 퇴계(退溪)의 문장은 본래 금
문(今文)이지만 도리어 완성하였다. 비유하자면 나는 화려한
비단을 짰는데 천을 완성하지 못하여 세상에 쓰이기가 어렵
고, 퇴계는 소박한 명주를 짜서 천을 완성하여 세상에 쓰일 수
있는 격이다."라고 하셨다. 선생께서 큰 글자를 쓰시면 자못
필체가 굳세었는데, 설암(雪庵)의 『병위삼첩(兵衛森帖)』[62]을 본
받으신 것이다. 그러나 또한 일찍이 글씨에 전념하지 않았으
며, 스스로 말씀하시기를 "나는 서체를 완성하지 못했다."라
고 하셨다.[63]

---

60 이 내용은 『남명집』 권2의 「답성청송서(答成聽松書)」에 보인다.
61 고문(古文): 남명은 『춘추좌씨전』과 당나라 유종원(柳宗元)의 글을 좋아하였는데,
    이는 선진(先秦)·양한(兩漢)의 고문을 가리킨다. 유종원의 글이 당나라 때 고문이
    지만, 당나라 고문과 송나라 고문을 비교하면 당나라 고문은 선진·양한의 고문을
    추구하는 것이고, 송나라 고문은 그와는 달리 사마광·정자·주자 등을 추종하는 것
    이다.
62 설암(雪庵)의 『병위삼첩(兵衛森帖)』: 설암(雪庵, 1264~1307)은 원나라 때 승려로
    법명은 부광(傅光), 속성은 이씨(李氏), 자는 현휘(玄暉)이다. 그의 대표적인 대자
    (大字) 해서를 흔히 '설암체'로 일컬었으며, 조선의 편액서(扁額書)에 큰 영향을 끼
    쳤다. 『병위삼첩』은 설암의 서법첩(書法帖)으로 조선 초에 간행되어 유통된 책이다.
63 이 내용은 김우옹이 지은 「남명선생언행록」에 보인다.

○ 先生晚歲嘗自言 吾學古文而不能成 退溪之文 本是今文 然却
　　成就 譬之 我織錦而未成匹 難於世用 退溪織絹成匹而可用也
　　寫大字 頗遒勁 效雪庵兵衛森帖 然未嘗留意 自言其不成也

가정에서 처신하신 도리

【이 이하는 선생이 가정에서 처신하신 도리를 기록한 것이다.】
【此下記先生處家之道】

31. 선생께서 어버이 곁에 계실 적에는 반드시 다소곳한 용모를
　　지니셨다. 선으로써 어버이의 심지를 봉양하고 기쁘게 하는
　　바를 삼았으며, 따뜻한 의복과 맛난 음식도 갖추어 올리지 않
　　음이 없으셨다.[64]
○ 先生居親之側 必有婉容 以善爲養悅其心志 衣煖膳甘 亦莫
　　不具

32. 선생께서 상중에 계실 적에는 슬퍼하고 애모하여 피눈물을
　　흘렸으며, 수질(首絰)[65]과 허리띠를 벗지 않았으며, 이른 아침

---

64 이 내용은 성운이 지은 「묘갈명병서」에 보인다.
65 수질(首絰): 상복을 입을 때 머리에 두르는 띠로서 새끼줄에 삼 껍질을 감아 만든
　　것이다. 남자는 두건(頭巾) 및 굴건(屈巾)과 함께 쓰고, 여자는 수질만 쓴다.

부터 늦은 밤까지 몸소 빈소 곁에 붙어 있지 않은 적이 없으셨
다. 비록 병이 났을지라도 상주가 거처하는 여막을 벗어나려
하지 않으셨다. 제사를 지낼 적에는 반드시 제물을 다 갖추었
으며, 제수를 알맞게 조리하고 청결하게 세척하는 일을 주방
의 노비에게 전적으로 맡기지 않고 반드시 몸소 직접 살피셨
다. 조문하여 위로하는 사람에게는 반드시 엎드려 곡하고 답
례로 절을 할 뿐이었으며, 조문객과 함께 앉아 말을 하지 않으
셨다. 하인들에게 경계하여 상을 마치기 전에는 번잡한 집안
일을 찾아와 고하지 못하게 하셨다.[66]

○ 先生在服 哀慕泣血 不脫経帶 晨夜 身未嘗不在几筵之側 雖遘
疾 亦莫肯退就服舍 祭必備物 烹調之宜 滌拭之潔 不以獨任廚
奴 必躬親視之 有弔慰者 必伏哭答拜而已 未嘗坐與之語 戒僮
僕 喪未終 勿以家事冗雜者來諗

33. 선생께서는 아우 조환(曹桓)[67]과 우애가 매우 돈독하셨다. 한
담장 안에 함께 거처하였으며, 출입할 적에 다른 문으로 드나
들지 않으셨다.[68]

○ 先生與弟桓 友愛甚篤 同居一垣之內 出入無異門

---

66   이 내용은 성운이 지은 「묘갈명병서」에 보인다.
67   조환(曹桓): ?~?. 자는 익중(翊仲)이며, 본관은 창녕이다. 조식의 아우로 삼가현에
살았다.
68   이 내용은 성운이 지은 「묘갈명병서」에 보인다.

34. 선생께서는 집안 살림이 빈한하였으나 재물을 가벼이 여기고 남에게 베풀기를 좋아하였으며, 사욕을 물리치고 의리를 행하셨다. 집안의 재산을 분배할 적에 선생은 선조의 제사를 받든다는 이유로 한양 장의동(藏義洞)에 있던 집[69]을 물려받으셨다. 그런데 김해 바닷가에 거처하면서 자형 이공량(李公亮)[70]에게 그 집을 주었는데, 이공량이 집값을 시세대로 계산해서 주었다. 선생은 그 집값을 받아 가난한 아우와 누이에게 나누어 주고서 털끝만큼도 자신이 취하지 않으셨다. 또 삼가현 토동(兎洞: 외토리)에 있던 전답과 재산을 모두 아우 조환(曹桓)에게 주었다. 선생께서 처음 덕산으로 들어오셨을 적에는 송곳을 꽂을 만한 조금의 땅도 없어서 아우와 누이에게 의복과 음식을 의지하여 살았는데, 또한 태연히 마음에 두지 않으셨다.[71]

○ 先生家貧 輕財好施 克己爲義 分家産時 先生以承祀 受京中藏義洞家舍 及居海上 以與姊夫李公亮 公亮以直歸之 受而頒諸弟妹之貧者 一毫不自取 又盡以兎洞田産 與弟桓 迨其始還 無立錐之地 資衣食於弟妹 亦曠然不以爲意也

---

69 한양……집: 한양 장의동의 집은 부친 조언형(曹彦亨)이 살던 집이다. 조식은 둘째 아들로 태어났으나 맏형이 일찍 죽어 봉사손이 되었다. 장의동은 현 서울시 종로구 청운동 지역이다.

70 이공량(李公亮): 1500~1565. 자는 인숙(寅叔), 호는 안분당(安分堂), 본관은 전의이다. 진주 금산에 살았다.

71 이 내용은 김우옹이 지은 「남명선생언행록」에 보인다.

35-1. 선생께서는 부인과 사이가 좋지 않았으나, 종신토록 은혜와 의리를 끊지 않으셨다.[72]

○ 先生於內子 雖不好合 終身不絶恩義

35-2. 〔추가〕이황강(李黃江)[73]이 말하기를 "건중(楗仲 : 조식(曺植)) 은 부부 사이에 남들이 능히 하기 어려운 점이 한층 더 있었지 만, 사람들은 그 사실을 알지 못하였다."라고 하였다.[74]

○ 李黃江曰 楗仲於其夫婦間 尤有人所難能者 而人莫之知也

36. 선생께서는 사람들을 대할 적에 장중한 태도로 임하셨다. 집 안에서 내외간에도 엄숙히 대하였으며, 가까이에서 시중드는 노비들도 머리카락을 묶고 쪽을 바르게 찌지 않으면 감히 가 까이할 수 없었다. 비록 상호 존중하는 배우자일지라도 또한 그렇게 하셨다.[75]

○ 先生莊以莅衆 閨庭之內 內外肅整 其婢僕之近侍者 不斂髮正 䯻 不敢進 雖其配偶之尊 亦然

37. 선생께서는 음식이나 미세한 일에 대해서도 반드시 바르게 하

72　이 내용은 정인홍이 지은 「행장」에 보인다.

73　이황강(李黃江): 이희안(李希顔, 1504~1559)이다. 자는 우옹(愚翁), 호는 황강, 본 관은 합천이다. 초계 출신으로 모재(慕齋) 김안국(金安國)에게 수학하였다.

74　이 내용은 정인홍이 지은 「행장」에 보인다.

75　이 내용은 성운이 지은 「묘갈명병서」에 보인다.

여 구차하게 하지 않으셨다. 일찍이 임천(林泉) 배학(裵鶴)[76]을 방문하였는데, 그 집에서 고기를 썰어 꽃과 나무 문양으로 만들어 술안주로 내온 것을 보고서 선생께서 지적하며 말씀하시기를 "고기를 썰 적에는 단지 방정하게 써는 것이 마땅하지, 기이하고 교묘한 모양으로 써는 것은 마땅하지 않습니다."라고 하셨다.[77]

○ 先生於飮食細微之事 必以正而不苟 嘗往觀裵林泉鶴 其家 切肉爲花木樣 以供酒殽 先生指之曰 切肉只宜方正 不當爲奇 巧狀

38-1. 선생께서는 혼례(婚禮)·상례(喪禮)·장례(葬禮)·제례(祭禮) 를 모두 『주자가례(朱子家禮)』를 본받되 그 대의만을 취하고 그 세세한 조항은 모두 그에 합치되기를 구하지 않으셨다. 혼례에 있어서는 우리나라 풍속에 신부의 집에서 초례(醮禮)를 행하는데, 친영(親迎)[78]하는 절차를 행할 수 없을 경우에는 신랑과 신부로 하여금 대청마루에서 서로 마주보고 교배례(交拜

---

76 배학(裵鶴): 1498~1569. 호는 임천(林泉)이며, 조선 전기 경상도 영산(靈山) 출신 으로, 참봉을 지냈다.
77 이 내용은 박인이 지은 「남명선생언행총록」에 처음 보인다.
78 친영(親迎): 혼례의 육례(六禮)로 불리는 납채(納采), 문명(問名), 납길(納吉), 납징 (納徵), 청기(請期), 친영 가운데 여섯 번째의 예를 말한다. 아비가 아들에게 가서 신부를 맞이하라고 명하면 아들이 가마를 준비해 말을 타고 신부의 집으로 가서 신부를 맞이해 오는 의식이다. 신랑이 신부의 집에 이르러 방 안에 들어가 서로 절 하고 술잔을 합하는 예를 행한 뒤에 가마에 신부를 태워서 돌아온다.

禮[79]를 행하게 하셨다. 이는 대체로 이렇게 함으로써 옛날의 예를 회복하는 점진적인 방법으로 삼으신 것이다. 또 혼례와 상례에 세속에서 과일을 높이 괴는 것을 따르지 않으셨다. 한 시대 사대부의 집안에서 이에 교화된 사람들이 많이 있었으며, 풍속도 그로 인하여 조금 변하였다.[80]

○ 先生婚姻喪葬祭祀之禮 皆倣家禮 取其大意 其節文不求盡合
於昏禮 則以國俗行禮於婦家 不得行親迎一節 只令壻婦相見於
廳事 行交拜之禮 蓋以是爲復古之漸也 又於昏喪 不從俗設高
排果床 一時士夫之家 多有化之者 而風俗亦爲之少變矣

38-2. 〔추가〕 정한강(鄭寒岡)[81]이 말하기를 "혼례가 폐지된 지 오
래되었는지라, 아랫자리에 있는 사람으로서는 참으로 그 예
를 회복할 수 없었다. 그러나 남명 선생은 옛날의 제도를 참작
하고 오늘날 제도를 참조하여 신랑과 신부로 하여금 초저녁
에 마주보고 교배례(交拜禮)를 행하게 하였으며, 친영(親迎)하
는 한 조목을 제외하고 그 나머지 세세한 절차는 오히려 스스
로 옛날의 예를 따르셨다."라고 하였다.[82]

---

79 교배례(交拜禮): 혼례에서 신랑과 신부가 마주하고 절하는 예를 말한다.
80 이 내용은 김우옹이 지은 「남명선생언행록」에 보인다.
81 정한강(鄭寒岡): 정구(鄭逑, 1543~1620)이다. 자는 도가(道可), 호는 한강(寒岡),
    본관은 청주이다. 성주 출신으로 오건·이황·조식에게 수학하였다. 동강(東岡) 김
    우옹과 함께 성주에서 '양강(兩岡)'으로 불렸다.
82 이 내용은 『퇴계집』 권39 「답정도가문목(答鄭道可問目)」에 보인다.

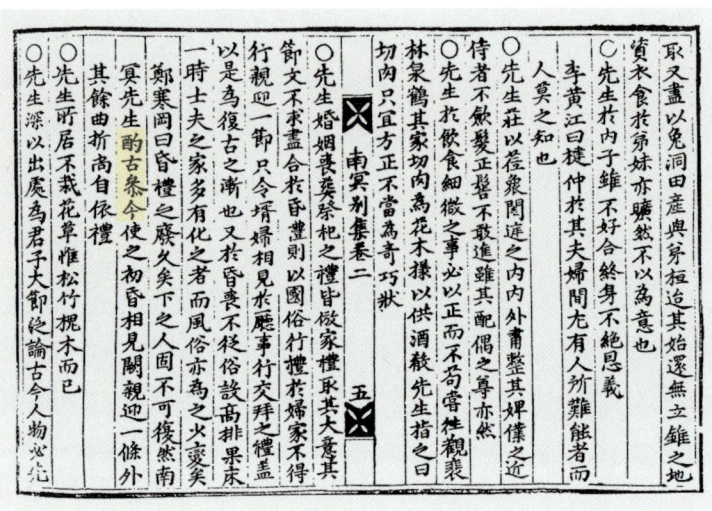

작고참금(酌古參今)

○ 鄭寒岡曰 昏禮之廢 久矣 下之人固不可復 然南冥先生酌古參
今 使之初昏相見 闕親迎一條外 其餘曲折 尙自依禮

39. 선생께서는 거처하는 공간에 화초를 가꾸지 않으셨다. 오직
소나무 · 대나무 · 느티나무만을 심으셨을 뿐이다.[83]

○ 先生所居 不栽花草 惟松竹槐木而已

---

83   이 내용은 박인이 지은 「남명선생언행총록」에 처음 보인다.

출처를 삼가신 절개

【이 이하는 선생이 출처(出處)를
삼가신 절개를 기록한 것이다.】
【此下記先生謹出處之節】

출처대절 윤효석 作

40. 선생께서는 심히 출처를 군
    자의 큰 절개로 삼으셨다. 고
    금의 인물을 널리 논평할 적
    에도 반드시 그 사람의 출처
    를 먼저 살펴보신 뒤에 그가 행한 일의 잘잘못을 논하셨다.[84]

○ 先生深以出處爲君子大節 泛論古今人物 必先觀其出處 然後論
   其行事得失

41. 선생께서는 일찍이 제갈공명(諸葛孔明 : 제갈량(諸葛亮))이 소
    열황제(昭烈皇帝 : 유비(劉備))가 삼고초려를 한 뒤에 나아간 것
    을 평하면서 "큰일을 할 수 없는 때에 하려고 하다가 작게 쓰
    이는 유감을 면치 못하였다. 만약 끝내 소열제를 위하여 나아
    가지 않고 차라리 융중(隆中)[85]에서 서생으로 늙어 죽었다면

---

84 이 내용은 정인홍이 지은 「행장」에 보인다.
85 융중(隆中) : 제갈량이 출사하기 전에 은거하던 남양군(南陽郡) 등현(鄧縣)에 있는
    산으로, 현 호북성 양양현(襄陽縣) 서쪽에 있다.

천하 후세 사람이 제갈무후(諸葛武侯)[86]의 사업을 모르더라도
또한 불가하게는 되지 않았을 것이다."라고 하셨다.[87]

○ 先生嘗謂 諸葛孔明爲昭烈三顧而出 欲爲於不可爲之時 未免有
小用之憾 若終不爲昭烈起 寧老死於隆中 天下後世 不知有武
侯事業 亦未爲不可矣

42. 선생께서는 일찍이 「엄광론(嚴光論)」을 지어 스스로 자신의
지향을 드러내셨다. 그 대략에 "선비[士]로서 위로는 천자에
게 신하 노릇을 하지 않고, 아래로는 제후에게 신하 노릇을
하지 않는 사람이 있다. 그들은 나라를 나누어주더라도 저울
의 눈금처럼 하찮게 생각하여 달갑게 여기지 않았다. 그들은
품고 있는 지향이 크고 조처할 수 있는 수완이 무거워 가벼
이 남에게 자신을 허여한 적이 없었다. 용을 잡는 기술을 가
진 사람은 희생을 잡는 푸줏간에 들어가지 않고, 왕도정치
(王道政治)를 보좌할 능력을 가진 사람은 패도정치(覇道政治)
를 하는 나라에 들어가지 않는다. 엄자릉(嚴子陵 : 엄광(嚴光))
이 양털 가죽옷을 입고 늪지대에 살면서 물고기를 잡고 낚시
질하는 사람으로 자처하면서 끝내 한(漢)나라를 위해 자신을
조금도 굽히지 않으려 했던 것은 그가 품고 있던 지향이 커

---

86 제갈무후(諸葛武侯): 제갈량의 시호가 충무후(忠武侯)이므로 후대 제갈량을 '제갈
무후'라고 칭하였다.
87 이 내용은 정인홍이 지은 「행장」에 보인다.

서 그러한 것이 어찌 아니겠는가. …… 또한 엄자릉의 언론과 풍도(風度)를 고찰해 보면, 진정을 숨기고 여론을 격동시키며 뒤도 돌아보지 않고 영원히 떠나갈 사람은 아니다. 단지 이윤(伊尹)[88]이나 부열(傅說)[89]과 같은 무리로서 알아주는 임금을 만나지 못한 사람일 뿐이다. …… 아! 이윤 같은 어진 사람으로서도 성탕(成湯: 탕 임금)을 만나지 못했다면 유신씨(有莘氏)[90]의 들녘에서 끝내 늙었을 것이며, 부열 같은 어진 사람으로서도 은 고종(殷高宗)을 만나지 못했다면 부암(傅巖)의 들판에서 끝내 늙었을 것이니, 이들은 분명히 도를 굽히면서 뜻이 합치되기를 구하려 하지 않았을 것이다. 가령 엄자릉이 성탕이나 은 고종 같은 임금을 만났다면 또한 어찌 바위틈에서 끝내 늙어 동강(桐江)의 낚시질하던 한 늙은이가 되었겠는가. 성현이 백성에게 마음을 쓰는 것은 한 가지이지만 단지 시대에 다행과 불행이 있을 따름이다.”라고 하셨다.[91]

88　이윤(伊尹): 상(商)나라를 건국한 탕(湯) 임금을 도와 태평시대를 연 인물이다. 이름은 지(摯)이며, 유신씨(有莘氏)의 들녘에서 농사를 지으며 요순의 도를 추구하고 있었는데, 탕 임금이 세 번 폐백을 가지고 가서 초빙하여 왕도정치(王道政治)를 구현하였다.

89　부열(傅說): 은 고종(殷 高宗) 때 발탁되어 태평성대를 이룩한 어진 재상이다. 은 고종이 어느 날 꿈에 그의 모습을 보고서 그림을 그려 찾게 하였는데, 부암(傅巖)의 들판 토목공사를 하는 곳에서 그를 찾았다고 한다.

90　유신씨(有莘氏): 하(夏)나라 말 제후국의 이름으로 탕(湯) 임금이 유신씨의 딸에게 장가를 들었다.

91　이 내용은 『남명집』권2 「엄광론(嚴光論)」에 보인다.

○ 先生嘗著嚴光論 以自見其志 略曰 士有上不臣天子 下不臣諸
侯 雖分國 如錙銖 有不屑焉 彼其所挾者大而所辦者重 未嘗輕
與人許己也 屠龍之技 不入於犧庖 佐王之足 不踐於霸都 子陵
之羊裘澤中 自託於漁釣 終不肯爲漢小屈者 豈非所挾者大而然
乎 …… 且考子陵言論風味 則非矯情激物 長往而不顧者也 特
伊傅之類而未遇焉者耳 …… 嗚呼 使伊尹而不遇成湯 則終死
於有莘之野 使傅說而不遇高宗 則終老於傅巖之野 必不肯枉道
而求合 使子陵遇成湯高宗之君 則又焉終老於巖穴 爲桐江一釣
翁乎 聖賢之心乎生民也 一也 而抑時有幸不幸也

43. 선생께서는 명종 때에 여러 차례 벼슬에 제수되었으나 나아
가지 않으셨다. 일찍이 임금에게 올린 상소에 "훗날 전하께
서 왕도(王道)의 영역으로 교화를 이룩하시면 신은 마땅히 마
부의 말석에서 채찍을 잡고 마음과 힘을 다해 신하의 직분을
극진히 할 것이니, 어찌 임금을 섬길 날이 없겠습니까?"라고
하셨다.[92]

○ 先生當明廟朝 累除不就 嘗上疏於上曰 他日 殿下致化於王道之
域則臣當執鞭於廝臺之末 竭其心膂 以盡臣職寧無事君之日乎

44. 선생께서 일찍이 김우옹(金宇顒)[93]에게 말씀하시기를 "대장부

93　김우옹(金宇顒): 1540~1603. 자는 숙부(肅夫), 호는 동강(東岡), 본관은 의성이다.

의 행동거지는 태산처럼 무겁고 만 길의 절벽처럼 우뚝해야
하며, 때가 이르러 뜻을 펼치게 되면 허다한 사업을 해내야
한다. 3만 근이나 되는 큰 쇠뇌가 한 번 화살을 쏘면 만 겹이
나 되는 두터운 성벽을 능히 부수는 것과 같으니, 참으로 큰
쇠뇌는 작은 쥐새끼를 잡기 위해 화살을 쏘지 않는다.”라고
하셨다.[94]

○ 先生嘗語宇顒曰 丈夫動止 重如山岳 壁立萬仞 時至而伸 方做
出許多事業 千勻之弩一發 能碎萬重堅辟[95] 固不爲鼷鼠發也

45. 선생께서는 공명(功名)을 태허(太虛) 속의 한 조각 구름처럼 보
셨다.[96]

○ 先生視功名 有如太虛中一片雲

세상을 잊지 못하신 마음

【이 이하는 선생이 세상사를 잊지 못하신 마음을 기록한 것이다.】

성주 출신으로 남명의 외손서이며, 남명에게 수학하였다. 1567년 문과에 급제하
였고 기축옥사(己丑獄事) 때 유배되었다가 임진왜란 시에 사면되었다. 병조 참판,
이조 참판, 예조 참판 등을 역임하였다.

94 이 내용은 김우옹이 지은 「남명선생언행록」에 보인다.

95 ‘辟’은 다른 본에 ‘壁’으로 되어 있다.

96 이 내용은 배신이 지은 「남명선생행록」에 보인다.

【此下記先生不能忘世之意】

불능망세
윤효석 作

46. 선생께서는 세상을 잊지 못해 나라를 걱정하고 백성을 상심하셨다. 매번 맑은 밤 밝은 달이 뜨면 홀로 앉아 슬피 노래를 부르셨고, 노래가 끝나면 눈물을 떨구셨다.[97]

○ 先生不能忘世 憂國傷民 每値淸霄皓月 獨坐悲歌 歌竟涕下

47. 선생께서는 민생이 곤궁하고 초췌함을 염려하여 마치 몸에 병이 있는 것을 걱정하듯이 하셨다. 회포가 주름처럼 겹겹이 쌓여 말씀을 하시게 되면 혹 목이 메었다가 이어 눈물을 떨구셨다. 관직에 있는 사람과 말하다가 조금이라도 백성을 이롭게 하는 방안이 있으면 힘껏 고하여 혹시라도 시행되기를 바라셨다.[98]

○ 先生念生民困悴 若恫瘝在身 懷抱委襞 言之 或至嗚嚘 繼以涕下 與當官者言 有一分可以利民者 極力告語 覬其或施

---

97 이 내용은 성운이 지은 「묘갈명병서」에 보인다.
98 이 내용은 정인홍이 지은 「행장」에 보인다.

48-1. 혹자가 "오늘날의 과거는 결코 폐지할 수 없다."라고 말하
자, 선생께서 말씀하시기를 "옛날에는 사류(士類)를 선발하
는 법이 있어서 어깨를 나란히 하고 진출하는 사류가 모두 훌
륭한 인재였다. 비유하자면, 숲에 나무를 길러 용마루·기둥·
대들보·서까래의 재목이 구비되지 않음이 없어서 그루터기
를 나란히 하여 나무를 베어 큰 집을 지을 수 있는 것과 같았
다. 그래서 인재를 기를 적에는 방도가 있고 취할 적에는 버려
지는 자가 없었으니, 인재를 등용하는 데 절로 부족함이 없었
다."라고 하셨다.[99]

○ 或言 今之科擧 決不可廢 先生曰 古有選士法 士比肩而出者 皆
良才 譬如養得林木 棟楹樑桷之材 靡有不具 比株而伐之 以搆
大廈 養之有道而取不遺 材用自無不足矣

48-2. 〔추가〕 혹자가 묻기를 "만약 선생께서 세상에 나아가 도를
행하신다면 큰 사업을 해낼 수 있겠습니까?"라고 하자, 선생
께서 답하시기를 "나는 덕도 없고 재주도 없어서 우두머리가
되지 못하니, 어찌 큰 사업을 해낼 수 있겠습니까? 다만 오래
된 재상을 존숭하고 후배를 장려하며 어질고 재주 있는 많은
사람을 추천하고 선발하여 그들로 하여금 각기 그들의 재능
을 다하게 하고서 그들이 공을 이룩하도록 앉아서 살펴보는

---

99 이 내용은 정인홍이 지은 「행장」에 보인다.

일은 내가 혹 그렇게 할 수 있습니다."라고 하셨다.

○ 或人問 使先生得行於世 做得大事業否 曰 吾未嘗有德有才而 不長 豈得當了事 但尊舊相奬後輩 推拔多少賢才 使之各效其 能 坐觀其成功 吾或庶幾焉

49. 선생께서는 세상의 군자들이 출사하여 한 시대에 등용되어서 좋은 일을 하려고 하다가 사업이 실패하여 몸이 처형되고 사 림에 화를 끼치는 것은 바로 기미를 살피는 것이 밝지 못하고 시대를 살피는 것이 자세하지 못하며, 또한 〈당대의 대신이〉 원풍 연간(元豊年間)의 대신[100]과 같다는 의리를 알지 못하기 때문임을 애석해하셨다.[101]

○ 先生惜世之君子 出爲時用 要做好事 事敗身僇 貽禍士林者 正 坐見幾不明 相時不審 又不知與元豊大臣同之義也

50. 선생은 말씀하시기를 "국가의 대사를 담당한 사람들이 기미 를 알지 못하고, 시의(時宜)를 살피지 않고, 마음을 합심하지 않고서 강하고 예리함을 자임하여 멋대로 정사를 행하여 혹

---

100 원풍 연간(元豊年間)의 대신: 원풍 연간은 송나라 신종(神宗)의 연호로 1078년부 터 1085년까지이다. 이 시기에는 신법을 주장하는 왕안석(王安石, 1021~1086) 일 파가 집권하여 사마광(司馬光)·여공저(呂公著)·정호(程顥) 등이 축출되었다. 원풍 연간의 대신은 왕안석을 가리킨다. 여기서는 사림파와 대립하여 사화를 일으킨 훈구파의 집정대신을 비유한 말이다.

101 이 내용은 정인홍이 지은 「행장」에 보인다.

서로 나아가기도 하고 물러나기도 하면서 승부를 겨루니, 애초 충성심으로 국사를 도모하지 않고 단지 사사로운 생각을 따를 뿐이다."라고 하셨다.[102]

○ 先生以爲 當國大事者 不知幾 不相時 不協心 强銳自任 胡亂作爲 或相前却 因較勝負 初非赤心謀國 只是循私意而已

남을 만날 때의 태도

【이 이하는 선생께서 남을 만날 때의 일을 기록한 것이다.】
【此下記先生接物之事】

51. 선생께서는 한가로이 거처하실 적에도 온종일 꼿꼿하게 앉아 있으면서 나태한 모습을 보인 적이 없으셨다. 귀한 손님을 대할 적에도 동요하지 않았고, 비천하고 어린 사람을 접할 적에도 태만한 모습을 보이지 않으셨다. 연세가 일흔을 넘으셨는데도 하루처럼 한결같으셨다.[103]

○ 先生燕居 終日危坐 未嘗有惰容 對貴客不爲動 接卑幼不以懶 年踰七旬 常如一日

---

102 이 내용은 정인홍이 지은 「행장」에 보인다.
103 이 내용은 정인홍이 지은 「행장」에 보인다.

52. 선생께서는 말씀이 매우 영특하여 우레처럼 사납고 폭풍처럼 세차서 듣는 사람으로 하여금 이익과 욕망을 추구하는 생각을 은연중 사라지게 하였는데도 그 자신은 그것을 자각하지 못하였다.[104]

○ 先生言論英發 雷厲風起 使人潛消利欲之念而不自覺

53. 선생께서는 비유하는 데 장점이 있어 사물을 끌어다가 유형별로 연관시켰는데, 명쾌하여 범상치 않으셨다. 또한 선생의 말에는 영특한 기상이 크게 드러난 점이 있었는데, 익살스런 농담과 풍자하는 말을 섞어서 하셨다.[105]

○ 先生長於譬喻 引物連類 明爽不凡 亦有英氣太露處 雜以諧謔嘲諷之言

54. 찾아와 문안하는 빈객이나 벗들은 선생의 기색이 준엄하고 간결하거나 침묵하여 말수가 적은 것을 보고서 반드시 용모를 가다듬고 무릎을 꿇고서 정숙하게 경외하여 끝내 선생과 더불어 함부로 말하거나 시끄럽게 웃는 사람이 없었다.[106]

○ 賓侶之就省者 見先生神色峻厲 簡默少言 必斂容曲膝 悚然敬畏 終莫與之蘭語譁笑

---

104 이 내용은 정인홍이 지은 「행장」에 보인다.
105 이 내용은 김우옹이 지은 「남명선생언행록」에 보인다.
106 이 내용은 성운이 지은 「묘갈명병서」에 보인다.

추상열일
윤효석 作

55. 선생께서는 일체 세상 사람이 좋아하는 것들을 지푸라기처럼
하찮게 보았으며, 그런 것을 남들에게 바라지도 않으셨다.[107]

○ 先生一切世好 視若草芥 而不以此望於人

56. 선생께서는 사람을 사랑하고 선비를 좋아하며, 자신을 드러
내는 것을 일삼지 않으셨다. 허심탄회하게 마음을 열고 남을
대하되 한결같이 전부터 알고 지낸 사람처럼 보셨다. 호걸스
러운 기상은 견줄 사람이 없었고, 일을 논의하시는 말씀은 늠
름하여 사림에 본보기가 되셨다. 비루한 사람이나 무지한 사
람도 모두 남명 선생이 계신 줄 알았으며, 학사(學士)와 벼슬

---

107 이 내용은 정인홍이 지은 「행장」에 보인다.

아치로서 선생을 아는 사람이건 알지 못하는 사람이건 선생을 일컫는 사람들은 반드시 '가을철 된서리와 한여름 작열하는 햇볕[秋霜烈日]'처럼 매섭다고 말하였다.[108]

○ 先生愛人好士 不事表襮 開心坦懷 一見如舊 豪氣絶倫 議論凜然 儀表士林 至於鄙夫野人 皆知有南冥先生 而學士大夫識與不識 稱先生者 必曰秋霜烈日云

57. 선생께서는 비록 비루한 사람이나 무지한 사람일지라도 반드시 온화한 얼굴빛으로 부드럽게 말씀하여 그들로 하여금 그들의 진정을 다 말할 수 있게 하셨다. 선을 행하면 반드시 얼굴을 마주하고 칭찬하였으며, 잘못이 있으면 문득 서로 아는 사람을 인도하듯이 타이르셨다. 그의 병통을 숨기지 않고 그 잘못에 따라 침을 놓거나 처방을 내리듯이 하여 그로 하여금 스스로 고치게 하셨다. 비록 사이가 소원한 사람일지라도 그의 장점을 묻어두지 않았으며, 아무리 친애하는 사람일지라도 그의 단점을 덮어두지 않으셨다.[109]

○ 先生雖於鄙夫野人 必和顔溫語 使得盡其情 爲善 必面稱 有過 輒導於相識之人 不諱其病痛 因投鍼劑 使之自治 雖疏遠 不沒其長 雖親愛 不掩其短

---

108 이 내용은 김우옹이 지은 「남명선생언행록」에 보인다.
109 이 내용은 정인홍이 지은 「행장」에 보인다.

58. 선생께서는 남의 선한 점을 들으면 기쁨이 안색에 드러나 마치 자신이 그런 선이 있는 것처럼 여겼고, 남의 악한 점을 들으면 한 번이라도 혹 그를 볼까 염려하여 원수처럼 그를 피하셨다.[110]

○ 先生聞人之善 喜動於色 若己有之 聞人之惡 恐或一見 避之如仇

59. 선생께서는 남이 죽는 형벌을 받게 되었다는 소문을 들으면 애통함이 자신에게 있는 것처럼 여겼으며, 그를 구원하기를 물속이나 불속에서 구제하듯이 급급히 하였으며, 재물이나 힘을 쭉정이나 피를 버리듯이 아낌없이 내주셨다.[111]

○ 先生聞人遭死喪之威 痛若在己 救之如救水火 輕出貨力 猶棄粃粺

60. 선생께서는 매번 국가의 제사를 만나면 음악을 듣지 않고 고기를 드시지 않으셨다. 어느 날 이름난 두세 명의 벼슬아치가 선생을 청하여 절에서 만나 술자리를 베풀었는데, 선생이 천천히 말씀하시기를 "모 대왕의 기일(忌日)이 바로 오늘인데, 공들께서는 아마도 우연히 잊으셨나 봅니다."라고 하자, 자리에 앉아 있던 벼슬아치들이 아연실색하며 놀라 사죄하고서

---

110 이 내용은 성운이 지은 「묘갈명병서」에 보인다.
111 이 내용은 성운이 지은 「묘갈명병서」에 보인다.

얼른 악공을 물리고 고기를 거두라고 명하였다.[112]

○ 先生每值國諱 不聆樂啖肉 一日 有二三名窋 請先生會佛寺張
飮 先生徐言曰 某大王諱辰 今日是也 諸公豈偶忘之耶 左右失
色驚謝 亟命退樂去肉

61. 유생이 단속사(斷俗寺)[113]에 거접(居接)[114]할 때, 불상을 태우고
경전을 판각한 책판을 불질렀다. 그 뒤에 일제히 남명 선생에
게 찾아가 배알하고서 그들의 지나친 행동을 사죄하였다. 선
생께서 말씀하시기를 "후생이 적합하게 하는 것만을 힘쓴다
면 훗날 그가 진취하는 것을 어찌 볼 수 있겠는가. 공부자(孔
夫子 : 공자(孔子))께서 광간(狂簡)한 사람을 취하신 것[115]이 이
런 의도이다. 다만 경전을 판각한 책판을 불 지른 것은 애석
하게 여길 만한 점이 존재한다. 만약 가는 톱으로 떼어내 활
자를 분리하여 여러 서책을 찍어낼 수 있게 하였다면 저 불가

---

112 이 내용은 성운이 지은 「묘갈명병서」에 보인다.

113 단속사(斷俗寺): 경상남도 산청군 단성면 운리에 있던 절이다. 지금은 2기의 삼층
석탑과 당간지주 등만 남아 있다.

114 거접(居接): 유생이 과거시험을 준비하기 위해 절이나 서당 등 한적한 곳에 모여
함께 공부하는 것을 말한다.

115 공부자(孔夫子)께서……것: 『논어』「공야장(公冶長)」에 "공자께서 진(陳)나라에
머무실 적에 '돌아가야겠구나, 돌아가야겠구나. 우리 고을의 젊은이들이 지향이
크고 일을 간략하게 하여 찬란하게 문채를 이루었는데, 그것을 재단하여 중도에
맞게 할 방법을 모르고 있다.'라고 하셨다."라고 하였다. 광간(狂簡)의 광(狂)은 지
향은 높고 크지만 행실이 미치지 못하는 것을 말하고, 간(簡)은 일을 간략하게 하
는 것을 말한다.

의 쓸모없는 물건을 가져다가 우리 유가의 쓸모 있는 기물이 되었을 것이다. 이런 계책을 내지 않아 쓸모 있는 물건을 모두 잿더미 속에 던져버렸으니, 이 점은 애석할 만하다."라고 하셨다.[116]

○ 儒生居接于斷俗寺 乃火佛像焚經板 其後齊進謁先生 謝其過擧 先生曰 後生務爲調適 則他日安得見其進就也 夫子之取狂簡者 此意也 但經板 則有可惜者存 若能切以細鉅 分作活字 印出諸書 則取彼家無用之物 爲吾家有用之器矣 計不出此 而有用之物 俱付於灰燼中 此可惜也

62. 선생께서 산해정(山海亭)[117]에 거주하실 적에 석천(石泉)[118] 임억령(林億齡)[119]이 내방하여 말하기를 "이곳으로 오는 길이 매우 험난하였습니다."라고 하자, 선생께서 웃으면서 말씀하시기를 "그대들이 걸었던 길은 이곳으로 오는 길보다 더 위태롭

---

116 이 내용은 성여신(成汝信)의 『부사집(浮査集)』「연보」23조에 보인다.

117 산해정(山海亭): 남명이 30세부터 45세까지 은거하여 머물던 서재의 이름이다. 현 경상남도 김해시 대동면 산해정길 123-26에 신산서원으로 복원되어 있다. 남명의 처가가 인근에 있어 이곳으로 이사하여 신어산 밑에 산해정을 짓고 성현의 학문에 침잠하였다.

118 석천(石泉): 석천(石川)의 오자이다.

119 임억령(林億齡): 1496~1568. 자는 대수(大樹), 호는 석천(石川), 본관은 선산이다. 박상(朴祥)에게 수학하였으며, 1525년 문과에 합격하여 사헌부 지평, 강원도 관찰사 등을 지냈다. 1545년 을사사화 때 금산 군수로 재직하였는데, 아우 임백령(林百齡)이 윤원형의 편에 가담하여 사류에 화를 끼치자, 벼슬을 그만두고 은거하였다. 성품이 청렴결백하며 시를 잘 지었다.

고 험난했을 것입니다.”라고 하셨다.[120]

○ 先生在山海時 林石泉億齡來訪 因言途道甚險 先生笑曰 君等
所蹈之路 殆險於此也

63. 선생께서 지리산 속에 거처하실 적에, 어떤 한 사인(士人)이
두류산(頭流山 : 지리산)을 유람하고 청학동(靑鶴洞)[121]을 들렀
다가 돌아가는 길에 선생을 배알하고, 청학동에 들어가서 학
을 본 일을 말하였다. 선생이 말씀하시기를 “그것은 학이 아니
고, 바로 황새입니다.”라고 하셨다. 그리고서 그를 놀리며 말
씀하시기를 “그대의 이번 유람은 단지 자신을 수고롭게 했을
따름입니다. 학을 찾아갔다가 황새만 보았으며, 은자를 찾아
나섰다가 나 같은 사람을 보았으니 무슨 소득이 있겠습니까?”
라고 하셨다.[122]

○ 先生在山中 有一士人 遊頭流 歷靑鶴洞 歸謁先生 因言入靑鶴
洞見鶴之事 先生曰 此非鶴也 乃鸛也 因戲之曰 君之此行 徒自
勞耳 訪鶴而見鸛 訪隱而見吾 惡在其所得也

64. 선생께서는 항상 보배로운 단도를 차고 다니셨다. 정승 이양

---

120 『남명집』 권1에 고풍(古風) 5언 16구의 「증석천자(贈石川子)」가 있다.

121 청학동(靑鶴洞): 남명은 지리산에 위치한 쌍계사(雙磎寺) 위쪽 불일폭포 인근을
청학동으로 인식했다.

122 이 내용은 박인이 지은 「남명선생언행총록」에 처음 보인다.

원(李陽元)[123]이 경상도 감사가 되었을 적에 선생을 찾아와 배알하였다. 그리고서 보검을 가리키며 "이 칼은 무겁지 않습니까?"라고 하니, 선생께서 답하시기를 "어찌 무겁겠습니까. 나는 상공의 허리에 찬 금대(金帶)[124]가 더 무겁다고 생각합니다."라고 하자, 이양원이 사죄하기를 "재주는 천박한데 임무는 무거우니, 감당하지 못할 듯합니다."라고 하였다.[125]

○ 先生常佩寶刀 李相國陽元爲本道監司 來謁先生 因指之曰 此劍得無重乎 先生曰 何重之有 吾念相公腰下金帶爲重也 李謝曰 材薄任重 恐未堪也

65. 이상(二相)[126] 이장곤(李長坤)[127]이 만년에 낙향하여 창녕(昌寧)의 고향집에 거주하였다. 선생은 그와 오랜 친분이 있어서 지나가다가 한번 만나셨다. 이야기를 나누다가 그가 함경도 감사로 재직할 때 도내에 흉년이 들어 유랑하는 백성이 길에 가

---

123 이양원(李陽元): 1526~1592. 자는 백춘(伯春), 호는 노저(鷺渚), 본관은 전주이다. 이황에게 수학하였으며, 1555년 문과에 급제하여 영의정에 이르렀다.

124 금대(金帶): 조선 시대 2품 이상의 관원이 입는 조복(朝服)에 차는 띠로, 금으로 가장자리를 장식하였다.

125 이 내용은 박인이 지은 「남명선생언행총록」에 처음 보인다.

126 이상(二相): 의정부 종1품 관직인 좌찬성(左贊成)과 우찬성(右贊成)을 가리킨다.

127 이장곤(李長坤): 1474~?. 자는 희강(希剛), 호는 학고(鶴皐)·금헌(琴軒), 본관은 벽진이다. 김굉필에게 수학하였으며, 1502년 문과에 급제하여 우찬성에 이르렀다. 갑자사화에 연루되어 유배되었다가 중종반정 이후 풀려나 기용되어 이조 판서 등을 지냈다. 1519년 기묘사화 때 조광조의 처형에 반대하다가 심정 등의 미움을 받아 관직을 삭탈당한 뒤, 창녕에 은거하였다.

득해서 먼저 관원을 보내 진휼하기를 한창 급히 할 때의 일에 미쳤다.

그가 말하기를 "내가 한 고을에 굶주리는 백성이 매우 많다는 말을 듣고서 필마로 불의에 달려가 진휼하는 곳으로 갑자기 들이닥치니, 굶주리는 백성이 한 사람도 없었소. 마음속으로 괴이하게 여겨 관청에서 하룻밤을 묵은 뒤 이른 아침에 길을 나서 5리쯤 가니 한 역졸이 한숨을 쉬며 '이 고을의 굶주리는 백성을 어떤 곳에 모아 놓고 죽인단 말인고.'라고 하였소. 곧 말을 멈추고 엄하게 힐책하니, 말하기를 '감사의 행차가 불의에 들이닥칠 것을 염려하여 궁벽한 마을에 굶주리는 백성을 몰아넣고서 진휼하는 곳을 비워 감사를 속인 것입니다.'라고 하였소. 나는 곧 말 머리를 돌려 그 역졸로 하여금 길을 안내하게 하여 곧장 그 마을로 들어가니, 무려 수백 명의 굶주린 백성이 모두 거의 죽을 지경에 이르렀소. 곧 목사를 잡아오게 하여 곤장을 치고 조정에 장계를 올려 아뢰었소. 그리고서 한 달을 머물며 죽을 쑤고 밥을 지어 굶주린 백성을 먹였소. 모두 살아갈 마음을 먹은 뒤에 떠났소."라고 하였다. 선생께서 천천히 답하시기를 "사람을 살린 것이 참으로 많습니다."라고 하셨다. 이 찬성은 자기의 마음을 이해해 주는 말이라 여겨 두 손을 들어 하늘을 가리키며 "죽기를 원하는 자가 두세 명 있었지만 분노하는 기색은 없었소."라고 하였다.

선생의 의중은 '그가 기묘사화 때 병조 판서로 있으면서 남곤

(南袞)과 심정(沈貞)[128]의 지휘를 받아 명망 있는 사람을 한 사람도 구제할 수 없었으면서 굶주린 백성을 살린 것을 스스로 훌륭하게 여긴다'고 생각했기 때문에 이런 말로 풍자하신 것이다. 그도 자신의 잘못을 스스로 알고 자신의 죄를 인정하였다.[129]

○ 李二相長坤 晚年來居昌寧故土 先生與渠有舊 因過行一見 語及其爲咸鏡監司時 道內凶荒 流民滿路 前差賑救方急 聞一州飢民甚多 單騎不意馳往 猝入賑濟所 飢民無一口 心怪之 宿于公廨 平明發行五里許 一驛卒喟然曰 此州飢民聚何處而死 卽駐馬嚴詰 乃曰 慮道行不意來到 驅飢民於僻巷中 空賑幕 欺上使爾 卽旋馬 令其卒先導 直入其巷 無慮數百飢民 皆濱死 卽捉致牧使杖 啓聞 因留一月 爲粥飯饋之 皆有生意 然後乃去 先生徐答曰 活人誠多矣 李解其意 擧兩手指天曰 願死者再三而無愧色 先生之意 以爲渠在己卯 以兵判隨袞貞指揮 不能救名流一人 以活飢民自多 故以此諷之 渠亦自知而服其罪

---

128 남곤(南袞)과 심정(沈貞): 1519년 기묘사화를 일으킨 장본으로 당시 훈구세력의 핵심적인 인물들이다.

129 이 내용은 박인의 『무민당집』 「남명선생언행총록」 및 벽한정 수고본(碧寒亭 手稿本, 『남명학연구논총』 제2집, 1992) 「언행총록」에는 보이지 않으며, 『남명선생별집』을 만들 적에 추가로 삽입한 것이다.

물건을 사양하고 받으신 의리

【이 이하는 선생이 물건을 사양하고 받은 의리에 대해 기록한 것이다.】
【此下記先生辭受之義】

66. 송계(松溪)[130]가 일찍이 경성에 들어갔을 때 선생께서 약값을 보내면서 그에게 편지를 보내 "나는 애초 원길(原吉)[131]에게 약재를 구해달라고 청하려 했었는데, 다시 생각해 보니 내 한몸의 질병이 세상사와 무슨 연관이 있다고 관원을 향해 관청의 약을 구해 달라고 하겠습니까? 참으로 감히 청할 수 없는 일입니다."라고 하셨다.[132]

○ 松溪嘗入京時 先生因付藥債 與之書曰 初欲乞諸原吉 而更料則一身病痛 何關於世 而向人乞求官藥乎 誠所不敢

67. 선생께서 말씀하시기를 "관리를 선발하는 관원이 사는 집의 문은 시장통처럼 북적이는데, 뇌물을 싸 들고 청탁하는 일 아

---

130 송계(松溪): 남명이 벗한 신계성(申季誠, 1499~1562)의 호이다. 자는 자함(子諴), 본관은 평산이다. 밀양에 살았으며 학문과 덕행이 높아 초계(草溪)에 살던 이희안(李希顔) 및 남명과 함께 '영남삼고(嶺南三高)'로 불렸다.

131 원길(原吉): 이준경(李浚慶, 1499~1572)의 자이다. 호는 동고(東皐), 본관은 광주(廣州)이다. 문과에 급제하여 영의정에 이르렀다. 남명과 어려서 사귄 벗이다.

132 『남명집』권2「여신송계서(與申松溪書)」에 이와 관련된 내용이 보인다.

닌 것이 없으니, 참으로 일체 사절해야 마땅하다. 그러나 만약 권력이 없는 지위에 있을 적에 벗이 귀한 선물을 보내 주면 어찌 받지 아니할 수 있겠는가. 만약 일체 거절한다면 또한 마음이 너무 좁고 인정에 맞지도 않는 것이 아니겠는가."라고 하셨다.[133]

○ 先生曰 銓門如市 無非苞苴事也 固當一切謝去 若在無權之地 朋友有寄髓膾 寧可不受耶 若一切却之 則無亦狹隘而非人情乎

68. 삼족당(三足堂)[134]은 집안이 부유했다. 그가 세상을 떠나려 할 때 선생께서 그를 보러 가셨다. 삼족당은 선생이 궁핍한 것을 염려하여 여러 아들에게 '해마다 약간의 곡식을 보내라'고 유언하였다. 아들이 곡식을 가지고 선생을 찾아가니, 선생께서는 받지 않고 다음과 같은 시를 지어 돌려보내셨다.[135]

사마광(司馬光)[136]이 보낸 옷조차 받지 않았으니,

---

133 『남명집』 권2 「해관서문답(解關西問答)」에 이와 관련된 내용이 보인다.

134 삼족당(三足堂): 김대유(金大有, 1479~1552)의 호이다. 자는 천우(天祐), 본관은 김해이다. 현량과에 합격하여 사간원 정언 등을 지냈다. 1519년 기묘사화로 현량과가 혁파되어 벼슬을 삭탈당한 뒤, 청도 운문산 아래에 은거하였다. 남명과 망년지교를 하였다.

135 이 내용은 김우옹이 지은 「남명선생언행록」에 보인다.

136 사마광(司馬光): 1019~1086. 자는 군실(君實), 호는 우부(迂夫)이며, 온국공(溫國公)에 봉해져 사마온공(司馬溫公)이라 부른다. 북송 때 정치가이며 학자로서 『자치통감』을 저술하는 데 일생의 정력을 바쳤다.

그 사람이 바로 옛날 유도원(劉道源)[137]이라네.
그러므로 호강후(胡康侯)[138]와 같은 사람은,
죽을 때까지 가난을 입 밖에 내지 않았네.[139]

○ 三足堂家富 其卒也 先生視之 三足念先生貧乏 遺令諸子歲遺
之粟若干 以視先生 先生不受 以詩復之曰 於光亦不受 此人劉
道源 所以胡康侯 至死貧不言

사람을 알아보신 선견지명

【이 이하는 선생이 사람을 알아본 선견지명(先見之明)에 대해 기록
한 것이다.】

【此下記先生知人之明】

---

137 유도원(劉道源): 북송 때 학자 유서(劉恕, 1032~1078)로, 도원은 그의 자이다. 사
마광이 『자치통감』을 편찬할 적에 복잡하여 파악하기 어려운 일을 맡겨 고증하게
하였다. 벼슬이 비서승(秘書丞)에 이르렀다. 유서는 살림이 가난하여 한겨울에도
입을 옷이 없을 정도였는데, 자신을 알아주는 사마광에게서도 사적으로 물건을
받지 않았다.

138 호강후(胡康侯): 북송 때 학자 호안국(胡安國, 1074~11138)이다. 강후는 그의 자
이며, 호는 무이(武夷)이다. 이정(二程)을 사숙하고 『춘추』를 깊이 연구하여 『춘
추호씨전(春秋胡氏傳)』을 지었다.

139 이 시는 『남명집』권1에 「사삼족당유명세견지속(辭三足堂遺命歲遺之粟)」이라는
제목으로 실려 있다.

69. 새로 벼슬길에 나아간 어떤 젊은이가 청직(淸職)[140]의 반열에
    올라 성대한 명예를 독차지했다. 선생께서 그를 한번 보고 사
    람들에게 말씀하시기를 "그가 재주를 믿고 스스로 으스대며
    기세를 타고 남을 업신여기는 것을 보니, 훗날 어진 이를 해치
    고 재능 있는 이를 해치는 일이 반드시 이 사람을 말미암지 않
    으리라 장담할 수 없습니다."라고 하셨는데, 그 뒤 과연 그가
    높은 지위에 오르자 몰래 흉악한 괴수들과 결탁하여 국법을
    농단하며 위력을 행하여 사류(士類)를 섬멸했다.[141]

○ 有新進少年 踐淸班 擅盛譽 先生一見告人曰 觀其挾 才自恃 乘
   氣加人 異日 賊賢害能 未必不由此人 其後 果登崇位 陰結兇魁
   弄法行威 士類殲焉

70. 선비 중에 문예는 있으나 아직 과거에 합격하지 못한 자가 있
    었는데, 그 사람은 몰래 시기하고 질투하며 현인을 원수처럼
    보았다. 선생께서 여럿이 모인 자리에서 우연히 이 사람을 보
    고서, 자리에서 물러나 벗들에게 말씀하기를 "내가 그 사람의
    미간을 살펴보고서 그 사람됨을 알았네. 용모가 군자처럼 평
    탄해 보였지만, 속으로는 남을 해치려는 마음을 품고 있었네.
    만약 그가 벼슬자리를 얻어 뜻을 펴게 된다면 선량한 사람들
    이 위태로워질 것일세."라고 하시니, 벗들이 그의 밝은 안목에

---

140 청직(淸職): 조선 시대 사헌부, 사간원, 홍문관 등의 관직을 가리킨다.
141 이 내용은 성운이 지은 「묘갈명병서」에 보인다.

탄복하였다.[142]

○ 有士子 有文藝未第 其人陰猜媚嫉 仇視賢人 先生偶見於群會
中 退而語友人曰 吾察於眉宇之間 而得其爲人 貌若坦蕩 中藏
禍心 如使得位逞志 善人其殆乎 友人服其明

71. 이기(李芑)[143]가 영남 지방을 순찰하러 내려온 적이 있었다.[144]
이기는 일찍이 『중용』 읽기를 좋아하여 당시 사람들에게 추
중(推重)을 받았다. 그가 선생께 편지를 보내서 『중용』의 의리
가 의심스러운 대목을 논의해 보자고 하였는데, 선생께서 답
하시기를 "상공께서는 제가 과거 공부를 포기하고 산림에 들
어온 것을 두고서 혹 학문이 축적되어 소견이 있는 것으로 여
기신 모양인데, 세상 사람들이 저에게 기만을 당한 것이 이미
많은 줄은 모르십니다. 이 몸은 병이 많아서 한가롭고 고요한
곳에 은거하여 여생을 보전하고자 할 뿐입니다. 의리를 밝히
는 학문에 대해서는 강학할 만한 사람이 아닙니다."라고 하셨
다.[145] 【이기는 후에 끝내 을사사화를 일으킨 흉적의 괴수가

---

142 이 내용은 성운이 지은 「묘갈명병서」에 보인다.

143 이기(李芑): 1476~1552. 자는 문중(文中), 호는 경재(敬齋), 본관은 덕수이다.
1501년 문과에 급제하여 영의정에 이르렀다. 1545년 윤원형과 결탁하여 을사사
화를 일으켜 1등공신에 책록되었으며, 1547년 양재역 벽서 사건을 일으켜 송인수
를 사사하고, 이언적·노수신 등을 유배보냈다.

144 이기(李芑)가……있었다: 『중종실록』 1544년 7월 25일조 기사에 "경상도 순변체
찰사(慶尙道巡邊體察使) 이기(李芑)가 배사(拜辭)하였다."라는 기록이 있다.

145 이 내용은 정인홍이 지은 「행장」에 보인다.

되었다.】

○ 李芑嘗出使嶺外 芑曾以喜讀中庸 爲時所推 以書抵先生 論義
理疑處 先生答曰 相公以植棄擧業入山林 意或積學有見 而不
知被欺已多矣 此身多病 仍投閑靜 只保得餘生 義理之學 非所
講也【芑後卒爲乙巳兇魁】

벗과 교유하신 도리

【이 이하는 선생이 벗과 교유한 도리를 기록한 것이다.】
【此下記先生交朋友之道】

72. 선생께서는 반드시 단정한 사람을 취하여 벗하셨다. 그 사람
이 벗할 만하면 비록 베옷을 입은 벼슬하지 않은 선비일지라
도 왕공처럼 존경하여 반드시 예모와 공경을 더하셨다. 그러
나 벗할 만한 사람이 아니면 관직이 아무리 높고 귀할지라도
흙이나 가시나무처럼 천시하여 그와 함께 자리하는 것을 부
끄럽게 여기셨다.[146]

○ 先生取友必端 其人可友 雖在布褐 尊若王公 必加禮敬 不可友
官雖崇貴 視如土梗 恥與之坐

---

146 이 내용은 성운이 지은 「묘갈명병서」에 보인다.

73. 청송(聽松) 성 선생(成先生),[147] 대곡(大谷) 성 선생(成先生),[148] 동주(東洲) 성 선생(成先生),[149] 황강(黃江) 이 선생(李先生),[150] 송계(松溪) 신 선생(申先生)[151] 같은 한 시대의 명사들이 모두 선생의 지기(知己)의 벗이었다. 성 참봉(成參奉)[152]·곽 사간(郭司諫)[153]과 교분이 또한 두터웠는데, 이 두 사람은 을사사화에 죽임을 당하였다. 그들을 생각할 때마다 선생은 눈물을 떨구지 않은 적이 없으셨다. 삼족당(三足堂) 김 선생(金先生)[154]과 도의

---

147 성 선생(成先生): 성수침(成守琛, 1493~1564)으로, 자는 중옥(仲玉), 호는 청송, 본관은 창녕이다. 조광조의 문인이며, 성혼의 부친이다. 벼슬을 사양하고 파주에 은거하였다. 남명이 한양에 거주할 적에 출처에 영향을 받은 인물이다.

148 성 선생(成先生): 성운(成運, 1497~1579)으로, 자는 건숙(健叔), 호는 대곡, 본관은 창녕이다. 남명이 한양 장의동에 거주할 적에 옆집에 살면서 벗한 인물로, 만년에는 보은 속리산에 은거하였다. 남명의 「묘갈명병서」를 지었다.

149 성 선생(成先生): 성제원(成悌元, 1506~1559)으로, 자는 자경(子敬), 호는 동주, 본관은 창녕이다. 충청도 공주 출신으로 유일로 천거되어 보은 현감을 지냈다. 남명이 1557년 보은으로 성운을 만나러 갔을 때 보은 현감으로 재직하던 성제원을 만나 벗하였다. 1558년 8월 보름 해인사에서 만났다.

150 이 선생(李先生): 이희안(李希顔, 1504~1559)으로, 자는 우옹(愚翁), 호는 황강, 본관은 합천이다. 초계 출신으로 모재(慕齋) 김안국(金安國)의 문인이다.

151 신 선생(申先生): 신계성(申季誠, 1499~1562)으로, 자는 자함(子諴), 호는 송계, 본관은 평산이다. 밀양에 살았으며, 학문과 덕행으로 이름이 있었다.

152 성 참봉(成參奉): 참봉 벼슬을 한 성우(成遇, 1495~1546)로, 자는 중려(仲慮), 본관은 창녕이다. 성운(成運)의 형으로 한양에 살았다. 1528년 남명과 함께 지리산을 유람하였으며, 김해에 은거한 남명에게 『동국사략』을 보내주었다. 1545년 을사사화 때 곽순(郭珣) 등을 구원하였다는 모함을 받고 국문을 받다가 이듬해 죽었다.

153 곽 사간(郭司諫): 사간원 사간을 지낸 곽순(郭珣, 1502~1545)으로, 자는 백유(伯瑜), 호는 경재(警齋), 본관은 현풍이다. 1528년 문과에 급제하여 사헌부 장령 등을 지냈다. 1545년 을사사화 때 고문을 받다가 옥사하였다.

154 김 선생(金先生): 김대유(金大有, 1479~1552)로, 자는 천우(天祐), 호는 삼족당, 본

(道義)로 교유함이 가장 깊었는데, 선생은 일찍이 그를 '천하의 선비'라고 인정[155]하셨다.[156]【한 시대 명사로서 도의로 교유한 분이 참으로 이보다 많을 것이지만, 여기서는 도의로 교유한 것이 가장 깊은 분을 특별히 말한 것뿐이다.】

○ 一時名士 如聽松成先生 大谷成先生 東洲成先生 黃江李先生 松溪申先生 皆爲知己友 與成參奉郭司諫 交契亦厚 二人死於 乙巳 每念之 未嘗不流涕 與三足金先生 交道最深 嘗以天下士 許之【一時名士 以道義相交者 固不止此 此特言其交道之最深 者耳】

74. 선생께서 말씀하시기를 "나의 벗 이중망(李仲望)[157] 군은 입으로는 남을 헐뜯고 매도하는 말을 한 적이 없었고, 말을 빨리하거나 느닷없이 한 적이 없었으며, 마음으로는 부모의 뜻을 거스르고 거역하거나 남을 시기하고 해치는 생각을 한 적이 없

관은 김해이다. 청도에 살았으며 정여창에게 배웠다. 현량과에 합격하여 사간원 정언 등을 지냈는데, 1519년 기묘사화로 현량과가 혁파되어 벼슬을 삭탈당한 뒤 청도 운문산 아래에 은거하였다.

155 선생은……인정: 『남명집』 권2 「선무랑호조좌랑김공묘갈병서(宣務郎戶曹佐郎金 公墓碣幷序)」에 "내가 남을 인정해 주는 것이 대체로 적은데, 유독 천하의 선비로 인정하는 분이 공이다.[老夫保人蓋寡 獨許以天下士 公也]"라고 하였다.

156 이 내용은 성운이 지은 「묘갈명병서」에 보인다.

157 이중망(李仲望): 이림(李霖, 1501~1546)이다. 자는 중망(仲望), 본관은 함안이다. 1524년 문과에 급제하여 사간원 대사간 등을 지냈다. 1545년 을사사화 때 의주로 유배되었다가 이듬해 사사(賜死)되었다.

었다. 고인의 마음을 탐구하고 벗을 기뻐하여 그를 바라보는
사람은 화가 풀리고 분노가 사그라들었다. 그러니 그는 진실
하고 신의 있는 사람임을 알 수 있다."라고 하셨다.[158]

○ 先生曰 吾友李君仲望 口未嘗有訕詈疾遽之言 心未嘗有忤逆
忮害之萌 貪於古而悅乎朋望之者 恚消忿釋 知其爲忠信人也

후학을 가르치신 방도

【이 이하는 선생께서 후학을 가르치신 방도를 기록한 것이다.】
【此下記先生敎後學之道】

75. 선생께서 남을 가르칠 적에는 각각 그의 재질에 따라 돈독하
게 해주셨다. 질문하는 것이 있으면, 반드시 그를 위해 의심스
러운 뜻을 분석해 주셨다. 그 말씀이 가을철 털갈이한 새털처
럼 미세하게 파고들어가 듣는 사람으로 하여금 환히 그 의미
를 이해하게 한 뒤에 그만두셨다.[159]

○ 先生敎人 各因其才而篤焉 有所質問 則必爲之剖析疑義 其言
細入秋毫 使聽者 洞然暢達而後已

---

[158] 이 내용은 『남명집』 권2 「제이군소증심경후(題李君所贈心經後)」에 보인다.
[159] 이 내용은 성운이 지은 「묘갈명병서」에 보인다.

76. 선생께서 남을 가르치실 적에는 반드시 그 사람의 타고난 자질을 살펴보고 자질에 맞게 성취하게 하며 그를 격려하셨다.[160]

○ 先生敎人 必觀其資稟 將順激勵之

77. 선생께서 일찍이 학자들에게 말씀하시기를 "학문을 하는 것은 애초 부모를 섬기고, 형을 공경하고, 어른에게 공경하고, 어린이를 자애하는 등의 일에서 벗어나지 않는다. 만약 혹시라도 이를 힘쓰지 않고 갑자기 성리(性理)의 심오한 뜻을 궁구하려 하면, 이는 인사(人事) 위에서 천리(天理)를 구하는 것이 아니어서 끝내 마음에 실제로 터득함이 없을 것이다. 의당 이런 점을 깊이 경계해야 한다."라고 하셨다.[161]

○ 先生嘗語學者曰 爲學 初不出事親敬兄悌長慈幼之間 如或不勉於此 而遽欲窮探性理之奧 是不於人事上求天理 終無實得於心 宜深戒之

78-1. 선생께서 말씀하시기를 "염락(濂洛)[162] 이후로 저술하고 집해(輯解)[163]하여 학문의 차례와 노선이 해와 별처럼 분명해져

---

160 이 내용은 정인홍이 지은 「행장」에 보인다.

161 이 내용은 성운이 지은 「묘갈명병서」에 보인다.

162 염락(濂洛): 염(濂)은 북송 때 학자 주돈이(周敦頤)를 가리키고, 낙(洛)은 북송 때 학자 정호(程顥)와 정이(程頤)를 가리킨다. 주돈이는 염계(濂溪)에 살았고, 정호·정이는 낙양(洛陽)에 살았다.

163 집해(輯解): 유형별로 모아 편집해서 해석한다는 뜻이다.

서 새로 학문을 하는 젊은 학생도 책을 펴면 환히 알 수 있다. 그런데 터득한 힘이 얕기도 하고 깊기도 한 것은 단지 그 의리를 구하는 것이 정성스러운가 정성스럽지 못한가에 달려 있을 뿐이다."라고 하셨다.[164]

○ 先生曰 濂洛以後 著述輯解 階梯路脈 昭如日星 新學小生 開卷洞見 至其得力之淺深 則只在求之誠不誠如何耳

78-2. 〔추가〕 또 말씀하시기를 "오늘날의 학자는 옛사람과 전혀 다르다. 송나라 때 현인들이 강론하여 밝히고 모두 구비해 놓아 물을 담아도 새지 않는 그릇과 같다. 후세의 학자들은 단지 노력을 하는 것이 느슨한가 용맹한가에 달려 있을 뿐이다. 어찌 털끝만큼이라도 문과 길을 분간하지 못해서 계단을 잘못 오르는 일이 있겠는가?"라고 하셨다.[165]

○ 又曰 今之學者 全與古人不同 宋時群賢 講明備盡 盛水不漏 後之學者 只在用力之緩猛而已 寧有一毫不分門路 誤陞階梯事乎

79. 선생께서 말씀하시기를 "나는 학자들에 대해 단지 그들의 정신이 혼미해져 조는 것을 경계할 수 있을 뿐이다. 눈을 뜨고 나면 절로 천지의 해와 달을 볼 수 있을 것이다."라고 하셨다.[166]

---

164 이 내용은 김우옹이 지은 「남명선생언행록」에 보인다.
165 이 내용은 『남명집』 권2 「답인백서(答仁伯書)」에 보인다.
166 이 내용은 김우옹이 지은 「남명선생언행록」에 보인다.

반구자득 윤효석 作

○ 先生曰 吾於學者 只得警其昏睡而已 旣開眼了 自能見天地日
月矣

80. 선생께서 말씀하시기를 "학자들이 만약 몸과 마음을 거두어들
여 오래도록 자신의 심신을 잃지 않으면 모든 사악한 생각이
절로 사그라져 온갖 이치가 절로 통할 것이다."라고 하셨다.[167]

○ 先生曰 學者 苟能收斂身心 久而不失 則群邪自息 而萬理自
通矣

81. 선생께서는 학도를 위해 경전을 담론하고 경서를 설명하신
적이 없으셨다. 단지 그들로 하여금 자신에게 돌이켜 그 본지
를 스스로 터득하게 할 뿐이셨다.[168]

---

167 이 내용은 『남명집』 권2 「시송파자(示松坡子)」에 보인다.
168 이 내용은 김우옹이 지은 「행장」에 보인다.

○ 先生未嘗爲學徒談經說書 只令反求而自得之

82. 선생께서 일찍이 숙부(肅夫)[169]에게 말씀하시기를 "이 늙은이에게 미약하게나마 교학상장(敎學相長)할 힘이 있다고 하더라도 정자(程子)와 주자(朱子)가 하신 말씀에 털끝만큼이라도 덧붙일 수 있겠는가? 그분들의 글 중에 어록(語錄)[170]이나 『역경(易經)』[171] 해석에 이해하기 어려운 부분이 있는데, 나도 억지로 그 뜻을 찾아 긴요하지 않은 문구에 힘을 다하지 않네. 우물을 팔 때 처음에는 물이 혼탁하지만 다 파고 나서 물이 맑아진 뒤에는 은빛 물결이 영롱한 것과 같네. 한꺼번에 다 터득하려 하지 말고 오랜 세월 축적하여 날마다 터득한 것이 있은 다음에 이 늙은이와 만나 절차탁마하면 매우 다행일 걸세."라고 하셨다.[172]

○ 先生嘗語肅夫曰 老夫雖或有一分相長之力 能加絲髮於程朱立言乎 其中有語錄易經難解處 吾亦不強求盡其閑語 且如穿井初間汙濁 掘盡澄澈 然後銀花子歷歷 請勿欲一盡得 累以歲月日有所得 然後見與老夫切磋 幸甚

---

169 숙부(肅夫): 문인 김우옹(金宇顒, 1540~1603)의 자이다. 호는 동강(東岡), 본관은 의성이다. 남명의 외손서로서 문과에 급제하여 이조 참판 등을 역임하였다.

170 어록(語錄): 선생이 말하는 것을 받아 적은 구어체의 글을 가리킨다.

171 『역경(易經)』: 고대의 『역(易)』에는 『연산역(連山易)』·『귀장역(歸藏易)』·『주역(周易)』이 있는데, 여기서 말하는 『역경』은 『주역』을 가리킨다.

172 이 내용은 『남명집』 권2 「봉사김진사숙부(奉謝金進士肅夫)」에 보인다.

83. 선생께서는 항상 『논어』·『맹자』·『중용』·『대학』·『근사록』 등의 서책을 연역하여 근본을 배양하고 지취(志趣)를 넓히셨다. 그중 자신에게 절실한 대목에 대해서는 다시 그 의미를 깊이 되새겨 보고서 그 내용을 거론하여 남들에게 일러주셨다. 일찍이 구차하게 박식을 추구하여 박학다식하다는 칭찬을 구한 적이 없었으며, 경서를 강설하여 외부 사람들의 논의를 불러일으킨 적이 없으셨다.[173]

○ 先生常繹語孟庸學近思錄等書 以培其根 以廣其趣 就其中切己處 更加玩味 仍擧以告人 未嘗苟爲博洽 以徇聽聞之美 未嘗便爲講說 引惹外人論議

84. 선생께서 김효원(金孝元)[174]에게 보낸 편지에서 말씀하시기를 "지금 곧바로 『대학』을 읽으시게. 그리고 한편으로는 『성리대전』을 1~2년 탐구하시게. 항상 『대학』 한 집으로 출입하게 되면 비록 북쪽으로 연(燕)나라에 가고 남쪽으로 초(楚)나라에 갈지라도 끝내 본가로 돌아오게 될 것일세. 성인이 되고 현인이 되는 길이 모두 이 『대학』 한 집안에서 벗어나지 않을 것일세."라고 하셨다.[175]

---

173 이 내용은 정인홍이 지은 「행장」에 보인다.
174 김효원(金孝元): 1542~1590. 자는 인백(仁伯), 호는 성암(省庵), 본관은 선산이다. 1565년 문과에 급제하여 삼척 부사 등을 지냈다.
175 이 내용은 『남명집』 권2 「답인백서(答仁伯書)」에 보인다.

○ 先生與金孝元書曰 於今 直把大學看 傍探性理大全一二年 常
常出入大學一家 雖使之燕之楚 畢竟歸宿本家 作聖作賢 都不
出此家內矣

85. 선생께서 송파자(松坡子)[176]에게 보낸 편지에서 말씀하시기를
"옛날이나 지금이나 학자들은 『주역』을 궁구하기를 매우 어
려워하는데, 이는 사서(四書)를 익숙하게 이해하지 못하기 때
문입니다. 학자는 모름지기 사서를 정독하고 숙독해야 하니,
참되게 축적하며 오래 노력하면 도(道)의 상달처(上達處)[177]를
알 수 있을 것이며, 『주역』을 궁구하는 것도 거의 어렵지 않을
것입니다."라고 하셨다.[178]

○ 先生示松坡子曰 古今學者 窮易甚難 此不會熟四書故也 學者
須精熟四書 眞積力久 則可以知道之上達 而窮易庶不難矣

86. 선생께서 말씀하시기를 "학문은 반드시 스스로 터득하는 것
[自得]을 귀하게 여긴다. 단지 책자에만 의지해 의리를 강론하
여 밝혀 실제로 터득함이 없는 사람은 끝내 쓰이지 못한다. 마
음으로 그 뜻을 터득하고 입으로는 말하기 어려운 듯이 해야
하니, 학자는 말 잘하는 것을 귀하게 여기지 않는다."라고 하

---

176 송파자(松坡子): 어떤 인물인지 자세하지 않다.
177 상달처(上達處): 형이상학의 경지, 즉 천리(天理)를 가리킨다.
178 이 내용은 『남명집』권2 「시송파자(示松坡子)」에 보인다.

셨다.[179]

○ 先生曰 學必以自得爲貴 徒靠册
子上 講明義理 而無實得者 終不
見受用 得之於心 口若難言 學者
不以能言爲貴

학필이자득위귀 윤효석 作

87. 선생께서 말씀하시기를 "사통
팔달 도회지의 큰 시장을 가보
면 금·은·보배·감상품 등 없
는 물품이 없다. 온종일 거리를
오르내리며 물건값을 흥정해 봐
야 끝내 자기 집의 물건이 아니
다. 이는 도리어 내가 가진 한 필의 베를 가지고 생선 한 마리
를 사서 오는 것만 못하다. 오늘날의 학자들이 성리(性理)를
고담준론하면서 자신에게 터득함이 없는 것이 이와 무엇이
다르겠는가."라고 하셨다.[180]

○ 先生曰 遨遊於通都大市中 金銀珍玩 靡所不有 盡日上下街衢
而談其價 終非自家家裏物 却不如用吾一匹布 買取一尾魚來也
今之學者 高談性理 而無得於己 何以異此

---

179 이 내용은 정인홍이 지은 「행장」에 보인다.
180 이 내용은 정인홍이 지은 「행장」에 보인다.

88. 선생께서 말씀하시기를 "세상의 학자들은 사서(四書)에 대해 그 내용이 평범한 것에 싫증을 느껴 사서를 읽을 적에 장구(章句)를 기억하고 암송하는 습관으로 구해 읽는 속된 유학자들과 다름이 없습니다. 그들은 견문을 넓히는 글을 기뻐하여 헛된 공력을 기울이기를 좋아합니다. 이는 이른바 '은미한 이치를 찾고 괴이한 행동을 한다.'[181]라는 것이니, 도체(道體)를 알지 못할 뿐만 아니라, 끝내 그 문호(門戶)[182]도 엿볼 수 없을 것입니다."라고 하셨다.[183]

○ 先生曰 世之學者 其於四書 厭其尋常 讀之無異俗儒記誦章句
之習而求者 喜於聞見之書 好着枉功 此所謂索隱行怪者 不啻
不知道體 而終不能覬覦其門戶矣

89. 선생께서 오자강(吳子强)[184]에게 보낸 편지에서 말씀하시기를 "요즘 사람들이 숭상하는 바를 자세히 들여다보면 당나귀 가죽에 기린의 모형을 뒤집어씌운 것[185] 같은 고질이 풍습을 이루었습니다. 온 세상 사람들이 모두 그러하여, 이미 세상 사

---

181 은미한……한다:『중용장구』제11장에 보이는 공자의 말씀이다.

182 문호(門戶): 문(門)은 집의 대문이고, 호(戶)는 방의 문이다. 문은 도(道)로 들어가는 초입의 경유지이고, 호는 도의 본체로 들어가는 경유지이다. 여기서는 도의 경지로 들어가는 경계의 안을 엿보지도 못한다는 뜻으로 쓰였다.

183 이 내용은『남명집』권2「시송파자(示松坡子)」에 보인다.

184 오자강(吳子强): 오건(吳健, 1521~1574)으로, 자강의 그의 자이다.

185 당나귀……것: 내실을 추구하지 않고 겉만 화려하게 꾸미는 한 시대의 풍속을 가리킨다. 즉 본바탕은 당나귀의 가죽인데, 겉에 기린의 모형으로 수식한다는 말이다.

람을 현혹하고 백성을 속이는 데에만 급급합니다. 비록 크게 현명한 이가 있더라도 이미 구제할 수 없을 것입니다. 이는 실로 사문(斯文)의 종장(宗匠)[186]인 사람이 오로지 상달(上達)[187]만을 주로 하고, 하학(下學)[188]을 연구하지 않아 구제하기 어려운 습속을 만들었기 때문입니다. 공은 지금 이런 폐단을 구제하기 어렵다는 점을 알지 않아서는 안 됩니다."라고 하셨다.[189]

○ 先生與吳子强書曰 熟看時尙 痼成獮榁驪鞹 渾世皆然 已急於惑世誣民 雖有大賢 已不可救矣 此實斯文宗匠者 專主上達 不究下學 以成難救之習 公今不可不知此弊之難救矣

90. 선생께서 일찍이 지향을 같이하는 선비들과 더불어 개탄하면서 말씀하시기를 "오늘날의 학자들이 매양 육상산(陸象山)[190]

---

186 사문(斯文)의 종장(宗匠): 사문은 유학(儒學)을 가리키고, 종장은 우두머리를 말한다. 여기서는 이황(李滉)을 지칭하는 말인 듯하다.

187 상달(上達): 상달천리(上達天理)의 준말로 성리설 등 형이상학적 이치를 탐구하는 것을 가리킨다.

188 하학(下學): 하학인사(下學人事)의 준말로 현실 세계의 실생활에 필요한 학문을 배우는 것을 가리킨다.

189 이 내용은 『남명집』 권2 「여오자강서(與吳子强書)」에 보인다. 이 단락은 박인의 『무민당집』 「남명선생언행총록」 및 벽한정 수고본 「언행총록」에는 보이지 않으며, 『남명선생별집』을 만들 적에 삽입한 것이다.

190 육상산(陸象山): 육구연(陸九淵, 1139~1192)이다. 상산은 그의 호이며, 자는 자정(子靜)이다. 주자와 동시대의 학자로 유심론적 심즉리설(心卽理說)을 주장하여 성즉리설(性卽理說)을 주장한 주자와 대립하였다.

의 학문은 곧장 약례(約禮)하는 것[191]을 위주로 한다고 비판하지만, 그들이 자신을 위한 실질적인 학문을 할 적에는 먼저 『소학』·『대학』·『근사록』을 읽으면서 공부를 하지 않고 『주역』·『역학계몽(易學啟蒙)』[192]을 먼저 읽으며, 격물(格物)·치지(致知)·성의(誠意)·정심(正心)의 차례[193]를 구하지 않고 반드시 성명(性命)의 이치[194]를 먼저 말하고자 하니, 그 유폐가 육상산의 학문에서 그칠 뿐만이 아니다."라고 하셨다.[195]

○ 先生嘗與同志之士慨然曰 今之學者 每病陸象山之學以徑約爲主 而其爲自己之學 則不先讀小學大學近思而做功 先讀周易啓蒙 不求之格致誠正之次序 而又必欲先言性命之理 則其流弊不但象山而已也

---

191 곧장……것: 글을 널리 배워 이치를 아는 박문(博文)을 먼저 한 뒤에 예에 맞게 자신을 실천하는 약례(約禮)를 하는 것이 정주학의 선지후행(先知後行)의 논리인데, 육구연의 학문은 격물치지의 지적 탐구를 하지 않고 곧장 실천을 위주로 했다는 말이다.

192 역학계몽(易學啟蒙): 주자가 『주역본의(周易本義)』를 지은 뒤에 그 의미를 후인들이 알지 못할까 염려하여 역(易)의 도식(圖式)·점서(占筮) 등을 상수학(象數學)의 관점에서 풀이한 책이다.

193 격물(格物)……차례: 『대학』 팔조목의 격물(格物)·치지(致知)의 이치를 탐구하는 지적 탐구[知]와 이를 통해 자신의 마음을 다스리는 성의(誠意)·정심(正心)·수신(修身)의 자기 실천[行]과 지(知)와 행(行)을 바탕으로 그 덕화를 가족·국가·세계로 넓혀 나가는 제가(齊家)·치국(治國)·평천하(平天下)의 추행(推行)의 차례를 가리킨다.

194 성명(性命)의 이치: 성명(性命)은 천명지위성(天命之謂性)을 가리키는 말로, 하늘이 부여한 본성을 일컫는다.

195 이 내용은 배신이 지은 「남명선생행록」에 보인다.

91. 선생께서는 오늘날 선비의 풍습이 야박해져서 이욕(利欲)만을
추구하고 의리(義理)가 없어져 겉으로는 도학(道學)을 하는 체
하며 내면으로는 실제로 이욕을 품고서 시대의 풍조를 좇아
명예를 취하는 것을 병폐로 여기셨다. 온 세상 사람들이 모두
휩쓸려 심술(心術)을 무너뜨리고 세도(世道)를 그르치는 것이
어찌 홍수와 이단(異端)일 뿐이겠는가. 선생께서 자신을 실천
하고 일을 주선하신 것을 보면 왕왕 학자들이 하는 것과 전혀
같지 않았는데, 속세의 학문을 하는 자들이 그로 인하여 선생
을 기롱하고 헐뜯었다. 이는 참으로 명분만을 취하고 실질을
무시하는 자들의 죄이다. 그중에 진실로 학문을 하는 사람이
있는데 또한 거짓을 일삼는다는 이름을 뒤집어쓴다면 참으로
애통해할 만하다. 그러나 선생께서는 단지 학문이 진실하지
못한 것을 걱정했을 뿐이니, 어찌 이런 점을 병통으로 여기셨
겠는가.[196]

○ 先生病今之士習偸弊 利欲勝 義理喪 而外假道學 內實懷利 以
趨時取名者 擧世同流 壞心術 誤世道 豈特洪水異端而已 觀其
行己做事 往往專不似學者所爲 俗學輩從而譏誚焉 此固取名蔑
實者之罪也 其間倘有眞實爲學者 亦被假僞之名 誠可痛也 然
特患學不眞實而已 庸何病於此乎

---

196 이 내용은 정인홍이 지은 「행장」에 보인다.

92. 김우옹(金宇顒)이 처음 찾아뵙고 가르침을 구할 적에 선생께서 말씀하시기를 "타고난 기질이 깊이 가라앉아 소극적인 사람은 모름지기 강건함으로 다스리며 일을 주선해야 하네.[197] 천지의 기운은 강건하기 때문에 어떤 일이든 가리지 않고 모두 뚫고 나갈 수 있네."라고 하셨다.[198]

○ 宇顒初見求敎 先生曰 沈潛底人 須剛克做事 天地之氣剛 故不論甚事 皆透過

93. 김우옹이 또 가르침을 청하자, 선생께서 고인의 말[199]을 거론하며 가르치시기를 "자신을 실천하는 초기에는 마땅히 금과 옥을 다루듯이 소중히 하여 미세한 먼지 같은 더러운 것도 받아들여서는 안 되네."라고 하셨다.[200]

○ 宇顒又請敎 先生擧古語誨之曰 行己之初 當如金玉 不受微塵之汚

94. 선생께서 김효원(金孝元)에게 보낸 편지에 "오늘날의 시대 풍

---

197 타고난……하네:『서경』「홍범(洪範)」에 "침잠한 사람은 강건함으로써 다스리고 [沈潛剛克]"라고 하였다.
198 이 내용은 김우옹이 지은 「남명선생언행록」에 보인다.
199 고인의 말: 송나라 때 명신 한기(韓琦, 1008~1075)의 말을 가리킨다. 한기는 "처음 자신을 실천하는 것을 배울 적에는 마땅히 금과 옥처럼 하여 미세한 티끌의 더러움도 받아들여서는 안 된다."라고 하였다. (『송명신언행록(宋名臣言行錄)』)
200 이 내용은 김우옹이 지은 「남명선생언행록」에 보인다.

속은 오염되고 훼손된 것이 매우 심하니, 반드시 천 길의 절벽과 같은 우뚝한 기상을 수립해서 머리가 쪼개지고 사지가 찢어지더라도 시대의 풍속에 휘말리지 않아야 하네. 그런 뒤에야 바야흐로 길인(吉人)[201]이 될 수 있네.”라고 하셨다.[202]

○ 先生與金孝元書曰 如今時俗 汚毁已甚 要須壁立千仞 頭分支解 不爲時俗所移 然後方可做成吉人

95. 선생께서 일찍이 학자들에게 일러 말씀하시기를 “학문을 할 적에는 먼저 지식을 높고 밝게 하기를 구하여 마치 동쪽 대산(岱山: 태산(泰山))에 오르면 삼라만상이 모두 발밑에 있는 것처럼 해야 한다. 그런 뒤에 오직 내가 실행하는 것이 절로 이롭지 않음이 없을 것이다.”라고 하셨다.[203]

○ 先生嘗謂學者曰 爲學 要先使知識高明 如上東岱 萬品皆低 然後惟吾所行 自無不利

96. 선생께서 김우옹과 정구(鄭逑)에게 일러 말씀하시기를 “너희

---

201 길인(吉人): 길인은 『소학』「가언(嘉言)」에 보이는 “눈으로는 예(禮)가 아닌 색을 보지 않고, 귀로는 예가 아닌 소리를 듣지 않고, 입으로는 예가 아닌 말을 하지 않고, 발로는 예가 아닌 곳을 밟지 않으며, 사람이 선하지 않으면 사귀지 않고, 물건이 의롭지 않으면 취하지 않으며, 현인을 친애하기를 지초와 난초로 나아가는 것처럼 하고, 악인을 피하기를 뱀과 전갈을 두려워하듯이 하니, 혹자는 길인이라 말하지 않더라도 나는 그 말을 믿지 않는다.”라고 한 사람을 가리킨다.
202 이 내용은 『남명집』 권2 「답인백서(答仁伯書)」에 보인다.
203 이 내용은 정인홍이 지은 「행장」에 보인다.

들이 출처(出處)에 대해 대략 소견이 있는 것을 나는 마음속으로 인정한다. 사군자(士君子)의 큰 절개는 오직 출처 한 가지 일에 달려 있을 따름이다."라고 하셨다.[204]

○ 先生語宇顒述曰 汝等於出處 粗有見處 吾心許也 士君子大節 唯在出處一事而已

97. 선생께서 김우옹과 정구에게 일러 말씀하시기를 "이 세상에서 제일 통과하기 어려운 철통 관문이 바로 화류관(花柳關)[205]이다. 너희들은 이 관문을 뚫고 지나갈 수 있겠느냐?"라고 하시고서, 우스갯소리로 "이 관문은 쇠와 돌도 녹일 수 있다네."라고 말씀하셨다.[206]

○ 先生謂宇顒述曰 天下第一鐵門關 是花柳關也 汝等能透此關 否 因戲言此關能銷鑠金石

98. 선생께서 말씀하시기를 "거처를 일정하게 하여 처자식과 함께 뒤섞여 거처해서는 안 된다. 아무리 자질이 아름다운 사람일지라도 습관에 따라 속된 풍속에 빠지면 끝내 사람다운 사

---

204 이 내용은 정인홍의 『내암집(來庵集)』 권12 「남명선생병시사적(南冥先生病時事蹟)」에 보인다.
205 화류관(花柳關): 화류(花柳)는 화가류항(花街柳巷)의 준말로 꽃처럼 곱게 단장을 하고 버들가지처럼 하늘거리는 자태를 뽐내는 기생이 사는 집을 가리킨다. 화류관은 이성에 대한 성욕을 극복하느냐 극복하지 못하느냐를 관문에 비유한 말이다.
206 이 내용은 김우옹이 지은 「남명선생언행록」에 보인다.

象山而已也

○先生病今之士習偸弊利欲勝義理要而外假道
學內實懷利以趨時取名者擧世同流壞心術誤世
道豈特洪水異端而已觀其行己做事徒徃徃專不
學者所爲洪俗苟徇而譏誚焉此固取名蔑實者之
罪也其間倘有眞實爲學者亦被假僞之名誠可痛
也然特患學不眞實而已庸何病於此乎

○宇顒又請敎先生擧古語誨之曰行己之初當如
地之氣剛剛故不論甚事當透過

南冥別集卷二
十五

○宇顒初見求敎先生曰沈潛底人須剛克做事夫

○金玉不瑩微塵之污
先生與金孝元書曰如今時俗汚敗己甚要須磨

○人
先生嘗謂學者曰爲學要使知識高明如上東
立千仞頭令支解不爲時俗所移然後方可做吉

低萬品皆低然後惟吾所行自無不利
先生語宇顒述曰汝等於出處粗有見處吾心許
也士君子大節惟在出處一事而已

○先生謂宇顒述曰天下第一鐵門關是花柳開也
女等能透此關吾因藏言此關能銷鑠金石

천하제일철문관(天下第一鐵門關)

람이 되지 못한다."라고 하셨다.[207]

○ 先生曰 恒居 不宜與妻孥混處 雖資質之美 因循汩溺 終不做
人矣

99. 선생께서 문인에게 일러 말씀하시기를 "나는 반평생 잘한 일
이 있다면 죽음에 이르더라도 구차하게 남을 따르려고 하지
않은 점이다. 너희들도 오히려 이런 점을 알 것이다."라고 하
셨다.[208]

---

[207] 이 내용은 정인홍이 지은 「행장」에 보인다.
[208] 이 내용은 정인홍의 『내암집』 권12 「남명선생병시사적」에 보인다. 이 단락은 박

○ 先生謂門人曰 吾半生有長處 抵死 不肯苟從 汝尙識之

100. 이준민(李俊民)[209]이 모친을 모시고 나주 목사(羅州牧使)로 재
    직할 때, 선생께서 일찍이 나주에 가서 누님을 문안하고 돌아
    와 문인들에게 말씀하시기를 "나주에 김천일(金千鎰)[210]이라
    는 사람이 있는데, 매우 명성이 있었다. 그러나 매번 붉은 옷
    을 입고 수령을 만나기를 요구하여 전혀 학자로서의 태도 같
    지 않았다. 관청의 문을 출입하면서 관원을 만나기를 구하니,
    사자(士子)로서의 행실이 아니다. 제군은 절대로 그런 행동을
    하지 말라."라고 하셨다.[211]

○ 李俊民奉母親爲羅州牧時 先生嘗往省之 歸而語門人曰 州有金
    千鎰者 甚有名字 然每着紅衣 求見守令 殊不似學者模樣 出入
    官門 要見官人 非士子之行 諸君切勿爲之也

인의 『무민당집』 「남명선생언행총록」 및 벽한정 수고본 「언행총록」에는 보이지
않으며, 『남명선생별집』을 만들 적에 삽입한 것이다.

209 이준민(李俊民): 1524~1590. 자는 자수(子修), 호는 신암(新庵), 본관은 전의이다.
    남명의 자형 이공량(李公亮)의 아들로서 1549년 문과에 급제하여 이조 판서, 좌참
    찬 등을 역임하였다.

210 김천일(金千鎰): 1537~1593. 자는 사중(士重), 호는 건재(健齋), 본관은 언양이다.
    천거로 수원 부사 등을 지냈다. 임진왜란 때 의병을 일으켜 공적을 세웠고, 1593
    년 진주성 2차 전투에서 분전하다가 성이 함락되자 순절하였다.

211 이 내용은 박인이 지은 「남명선생언행총록」에 처음 보인다.

깊이 은거하여 학덕을 숨긴 일

【이 이하는 선생이 깊이 은둔하여 학덕(學德)을 숨긴 일을 기록한 것이다.】
【此下記先生沈冥韜晦之事】

101. 선생께서 임금의 부름을 받았을 때 일재(一齋)[212] 등 여러 선생과 함께 도성에 계셨다. 일재가 스승의 도리로 자처하며 후학을 만나 인도하여 그의 처소에 사람이 가득하였다. 선생께서는 홀로 문을 닫고 자취를 숨겼으며, 혹 가르침을 구하여 찾아오는 사람이 있으면 우스갯소리로 그에게 답하셨다.[213]

○ 先生被召時 與一齋諸先生 竝在都下 一齋以師道自居 接引後學 門庭塡隘 先生獨杜門掃軌 或有求教者至 以戲言答之

102. 선생께서 오자강(吳子强)[214]에게 보낸 편지에 "성(性)과 천도(天道)는 공자(孔子) 문하에서 드물게 말한 것이네.[215] 화정(和

---

212 일재(一齋): 이항(李恒, 1499~1576)의 호이다. 자는 항지(恒之), 본관은 성주이다. 박영(朴英)에게 수학하였으며, 천거로 임천 군수, 장악원 정 등을 지냈다.

213 이 내용은 김우옹이 지은 「남명선생언행록」에 보인다. 이 단락은 박인의 『무민당집』「남명선생언행총록」 및 벽한정 수고본 「언행총록」에는 보이지 않으며, 『남명선생별집』을 만들 적에 삽입한 것이다.

214 오자강(吳子强): 문인 오건(吳健)으로, 자강은 그의 자이다.

215 성(性)과……것이네: 『논어』「공야장」에 자공(子貢)이 말하기를 "선생의 문장은 얻어 들을 수 있었지만, 선생께서 성(性)과 천도(天道)를 말씀하시는 것은 얻어 들

靜)[216]이 이에 대해 설을 내자, 정 선생(程先生 : 정이(程頤))이 경박한 설을 함부로 제기하지 말라고 저지하였네. 그대는 요즘의 사인(士人)을 살펴보지 않았는가? 손으로 물 뿌리고 비질하는 절도도 모르면서 입으로 천상의 이치를 담론하는데, 그들의 행실을 공평히 살펴보면 도리어 무지한 사람만도 못하네. 이에 대해 반드시 다른 사람의 꾸지람이 있어야 함은 의심할 나위도 없네. 이런 때를 당해 과연 버젓이 현자의 자리를 함부로 차지하고서 허위의 우두머리가 되어야 하겠는가. …… 나는 평생 다른 기예를 배우지 않고 단지 서책만을 보았을 뿐이네. 입으로 천리를 말하고자 하면 어찌 남들보다 못하겠는가? 그러나 오히려 이에 대해 말하려고 하지 않았네. 그대는 매번 기미를 살피지 못하네. …… ”라고 하셨다.[217]

○ 先生與吳子强書曰 性與天道 孔門所罕言 和靖有說 程先生止以莫要輕說 君不察時士耶 手不知灑掃之節 而口談天上之理 夷考其行 則反不如無知之人 此必有人譴 無疑也 當此時 果儼然冒居賢者之位 以作虛僞之首耶 …… 僕平生不執他技 只自觀書而已 口欲談理 豈下於衆人乎 猶不肯屑有辭焉 君每不察 ……

을 수 없었다.”라고 하였다.

216 화정(和靜): 북송 때 정이(程頤)의 문인 윤돈(尹焞)의 호이다.

217 이 내용은 『남명집』 권2 「여오어사서(與吳御史書)」에 보인다. 이 단락은 박인의 『무민당집』 「남명선생언행총록」 및 벽한정 수고본 「언행총록」에는 보이지 않으며, 『남명선생별집』을 만들 적에 삽입한 것이다.

103. 선생께서 문하의 제자들에게 말씀하시기를 "지금이 어떤 때
    이며, 어떤 지경인가? 허위를 일삼는 무리는 모두 당나귀 가
    죽에 기린의 모형을 뒤집어씌운 사람들이네. 이런 때에 버젓
    이 현자의 자리를 함부로 차지하고서 종장(宗匠)인 양 행동하
    는 것이 옳겠는가? …… 나는 세상 사람들 속에 뒤섞여 살면
    서 술이나 퍼마시는 사람과 다름이 없고자 하네. 그러나 또
    한 어찌 시끄럽게 떠들며 호기를 부리며 남을 아랑곳하지 않
    는 사람처럼 하겠는가. 지금 나는 단지 내 자신을 스스로 지킬
    뿐, 막중한 명성을 얻은 데에서 멀리 달아나고자 하네. 이 늙
    은이가 소견이 없어서 그러는 것이 아닐세."라고 하셨다.[218]

○ 先生語門弟子曰 此何等時也 何等地也 虛僞之徒 盡是獼檀 於
    此而儼然冒處賢者之位 若宗匠然 可乎 …… 吾欲混混處世 無
    異於杯酒間人也 亦何叫呶使氣 若忘物者然乎 今吾只是自守其
    身 邁邁逃走重名之下 老夫非無所見而然也

고금 군자 행사(行事)의 잘잘못을 논평

【이 이하는 선생이 고금(古今) 군자의 행실과 사적의 잘잘못을 논

---

218 이 내용은 정인홍의 『내암집』 권15 부록 「남명선생답선생서(南冥先生答先生書)」
    에 보인다. 이 단락은 박인의 『무민당집』 「남명선생언행총록」 및 벽한정 수고본
    「언행총록」에는 보이지 않으며, 『남명선생별집』을 만들 적에 삽입한 것이다.

평한 것을 기록한 것이다.】

【此下記先生論古今君子行事得失】

104. 선생께서는 위로 고인을 논평할 적에 전인의 말에 구애되지
　　　않고, 다시 한 단락의 새로운 의미를 찾으셨다.[219]

○　先生尙論古人 不拘前言 更求一段新意

105. 선생께서 말씀하시기를 "한훤당(寒暄堂)[220] 선생이 남부 참봉
　　　(南部參奉)[221]이 되었을 때 〈신참례(新參禮)를 하며〉 밤에 귀신
　　　복장을 하고서 온갖 광대 짓을 하며 한결같이 상관이 시키는
　　　대로 하였다. 후배들은 선생이 구차하게 잘못된 관행을 따른
　　　것을 혐의쩍게 여겼다. 선생은 당시 명망이 막중한 것을 스스
　　　로 알면서도 자신을 평범한 사람들과 구별하고자 하지 않은
　　　것이다. 대현(大賢) 이상의 경지에 오른 사람이 아니라면 참으
　　　로 이렇게 하지 못하였을 것이다."라고 하셨다.[222]

○　先生曰 寒暄先生 爲部參奉時 鬼服百戲 一依上官所指 後生以
　　其苟從合汚爲嫌 先生當時自知名重 不欲自別於庸人 非大賢以
　　上 固不及此矣

219　이 내용은 정인홍이 지은 「행장」에 보인다.
220　한훤당(寒暄堂): 김굉필(金宏弼, 1454~1504)의 호. 자는 대유(大猷), 본관은 서흥
　　　(瑞興)이다. 김종직(金宗直)에게 수학하였으며, '소학군자'로 이름이 있었다.
221　남부 참봉(南部參奉): 한양 오부(五部) 중 남부를 관리하는 종9품직이다.
222　이 내용은 『남명집』 권2 「서경현록후(書景賢錄後)」에 보인다.

도동서원
한훤당 김굉필 제향

106. 선생께서 말씀하시기를 "한훤당 선생은 처음 자호를 사옹(簑
翁)[223]이라 하면서 '아무리 큰 비를 만나더라도 겉은 젖지만 속
은 젖지 않으리라.'라고 하였다. 얼마 뒤에 호를 바꾸면서 '명
호(名號)를 지어 자신의 지향을 드러내는 것은 처세하는 온전
한 도가 아니다.'라고 하였다. 이 두 가지 일을 살펴보면, 선생
의 근신하고 돈후한 덕스러운 국량이 천성에서 나온 것임을
알 수 있다. 선생은 남들이 일으킨 재앙이 미칠 분이 아니었는
데, 끝내 그런 재앙을 면치 못하셨으니,[224] 이는 하늘의 뜻이

---

223 사옹(簑翁): '도롱이를 걸친 노인'이라는 의미로, 은자를 상징한다. 당나라 때 유종
원(柳宗元)의 「강설(江雪)」이라는 시에 "한 조각 거룻배에 도롱이 걸치고 삿갓 쓴
노인, 눈 내리는 차가운 강에서 홀로 낚시질 하고 있네.[孤舟簑笠翁 獨釣寒江雪]"라
고 하였다.
224 끝내……못하셨으니: 김굉필은 1498년 무오사화 때 김종직의 문도로서 붕당을

다.”라고 하셨다.[225]

○ 先生曰 寒暄先生 始號爲簑翁曰 雖逢大雨 外濕而內不濡 旣而
改之曰 爲名以露 非處世渾然之道也 觀此兩事 則先生德器謹
厚 出於天性 人禍所不及者 而終不免者 天也

107. 선생께서 말씀하시기를 “복고(復古)[226]는 성현의 도를 배웠는
데, 격물치지(格物致知)의 소견[227]이 밝지 못했다. 당시는 대윤
(大尹)[228]과 소윤(小尹)[229]의 싸움이 조만간에 반드시 일어날 상
황이어서 국가의 형세가 극도로 위태로운 것을 어리석은 아
낙도 알고 있었다. 그런데도 복고는 낮은 관직에 있을 적에 일
찍 물러나지 않고 있다가 중망(重望)을 입어 벗어날 수 없는
지경에 이르렀다. 낯선 지역에 유배되었다가 그곳에서 죽었
으니, 명철보신(明哲保身)[230]의 식견에는 모자란 듯하다.”라고

만들었다는 죄목으로 유배되었고, 1504년 갑자사화 때 무오당인이라는 죄목으로
극형에 처해졌다.

225 이 내용은 『남명집』 권2 「서경현록후(書景賢錄後)」에 보인다.

226 복고(復古): 이언적(李彦迪, 1491~1553)의 자이다. 호는 회재(晦齋), 본관은 여주
이다. 1514년 문과에 급제하여 경상도 관찰사 등을 지냈다. 1545년 을사사화 때
좌찬성으로 있었는데, 권간들의 독촉으로 추관이 되어 공신에 봉해졌으나, 1547
년 양재역 벽서 사건에 연루되어 강계로 유배되었다가 그곳에서 죽었다.

227 격물치지(格物致知)의 소견: 사물의 이치를 밝게 아는 소견을 말한다.

228 대윤(大尹): 중종의 비 장경왕후(章敬王后) 윤씨(尹氏)의 오빠 윤임(尹任) 일파를
가리킨다.

229 소윤(小尹): 중종의 비 문정왕후(文定王后) 윤씨(尹氏)의 아우 윤원형(尹元衡) 일
파를 가리킨다.

230 명철보신(明哲保身): 『시경』 「대아(大雅) 증민(蒸民)」에 “이미 사리에 밝고 일에도

하셨다.[231]

○ 先生曰 復古學聖賢之道 而致知之見不明 當時大小尹之禍 朝
夕必發 國勢杌捏 愚婦所知 猶不早退於官卑之日 以至於負重
而不可解 流死異域 恐魄於明哲之見也

108. 선생께서 산천재(山天齋)[232]에 계실 적에 어떤 한 문사(文士)가
쌍계사(雙溪寺)에 들어가서 청학동(靑鶴洞)[233]을 탐방하고 오
대사(五臺寺)[234]를 거쳐 선생을 찾아와 배알하고서 "산을 벗겨
밭을 만들어서 산 모양이 민둥민둥하니, 이것이 흠입니다."라
고 말하자, 선생께서 말씀하시기를 "그것은 실로 스스로 취한
것[235]입니다. 높이 솟구쳐 우뚝하면 누가 그를 범할 수 있겠습
니까?"라고 하셨다.[236]

밝아 자신의 몸을 잘 보전하네.[旣明且哲 以保其身]"라고 한 말을 줄인 것이다.

231 이 내용은 『남명집』 권2 「해관서문답(解關西問答)」에 보인다. 이 단락은 박인의
『무민당집』 「남명선생언행총록」 및 벽한정 수고본 「언행총록」에는 보이지 않으
며, 『남명선생별집』을 만들 적에 삽입한 것이다.

232 산천재(山天齋): 남명이 61세에 지리산 천왕봉이 보이는 덕산(德山)으로 이주하여
세운 서재이다. 서재 이름은 『주역』 「대축괘(大畜卦)」의 "의지를 강건하고 독실하
고 빛나게 해서 날마다 그 덕을 새롭게 한다.[剛健篤實輝光 日新其德]"에서 취한 것
이다.

233 청학동(靑鶴洞): 쌍계사 위쪽 불일폭포 근처를 가리킨다.

234 오대사(五臺寺): 현 하동군 청암면 궁항리 오대산 밑에 있던 사찰이다.

235 스스로 취한 것: 원문의 '자취(自取)'는 『맹자』 「이루 상(離婁上)」에 "물이 맑으면 갓
끈을 씻고, 물이 탁하면 발을 씻으니, 스스로 그것을 취한 것이다."라고 한 데서 취한
말로, 남이 그렇게 만든 것이 아니고, 자신이 스스로 그렇게 만들었다는 말이다.

236 이 내용은 박인의 「남명선생언행총록」에 처음 보인다.

○ 先生在山天齋 有一文士 入雙溪 訪靑鶴洞 歷五臺寺 來謁先生 因言赭山爲田 山容濯濯 此其欠也 先生曰 渠實自取 巖然截然 孰能犯之

109. 문인 중에 남의 장단점 및 정치의 잘잘못을 논평하는 사람이 있었다. 선생이 말씀하시기를 "남을 논평하는 것은 자신을 다스리는 일을 급히 힘쓰는 군자가 할 일이 아니며, 당시의 정치 또한 학자가 관여할 바가 아니다. 제군은 이런 논평을 잠시 하지 말도록 하라."라고 하셨다.[237]

○ 門人有論人之長短 政之得失 先生曰 論人非君子自治之急務 時政亦非學者之所豫 諸君姑舍是

110. 선생께서는 항상 세상의 학자들이 인사(人事)를 버려두고 천리(天理)를 담론하는 것을 걱정하셨다. 문인 가운데 하항(河沆)[238] 공과 유종지(柳宗智)[239] 공 등 여러 사람은 타고난 자질이 높고 영민하여 매양 성명(性命)의 이치를 담론하기를 싫증내지 않고 부지런히 하였다. 그러자 선생께서 말씀하시기를

---

237 이 내용은 박인의 「남명선생언행총록」에 처음 보인다.

238 하항(河沆): 1538~1590. 자는 호원(灝源), 호는 각재(覺齋), 본관은 진양이다. 진주 수곡 출신으로 남명에게 수학하였다.

239 유종지(柳宗智): 1546~1589. 자는 명중(明仲), 호는 조계(潮溪), 본관은 문화이다. 진주 수곡 출신으로 남명에게 수학하였다. 1589년 정여립의 옥사에 최영경과 함께 연루되어 옥사하였다.

하학인사 상달천리
윤효석 作

"아래로부터 인사를 배워 위로 천리에 통달해야 하니, 절로 단계가 있는 법이다. 제군은 이를 아는가? 모르는가?"라고 하셨다.[240]

○ 先生常患世之學者 舍人事而談天理 河公沆柳公宗智諸人 天資高敏 每談性命之理 亹亹不厭 先生曰 下學上達 自有階梯 諸君知未

111. 선생께서 삼가현 토동(兎洞) 뇌룡사(雷龍舍)[241]에 거처하실 적에 일찍이 흰 오리 한 쌍을 기르셨다. 오리들이 진흙탕 속에

---

240 이 내용은 박인의 「남명선생언행총록」에 처음 보인다.
241 뇌룡사(雷龍舍): 현 합천군 삼가면 외토리 뇌룡정(雷龍亭)을 가리킨다. 남명이 모친의 삼년상을 마치고 새로 지은 건물로, 산천재로 이주한 61세까지 주로 거주하던 서재이다.

서 자맥질할 적에는 진흙이 시커멓게 묻어 보기가 싫었으나,
깨끗한 물에 목욕한 뒤에는 본래의 모습대로 하얗게 되었다.
선생께서 이를 보고 감흥이 일어 탄식하며 말씀하시기를 "무
릇 자신을 수양할 적에는 삼가지 않아서는 안 된다."라고 하
셨다.[242]

○ 先生在兎洞雷龍舍時 嘗養白鴨一雙 方其汩沒淤泥 緇汚可惡
及其沐浴淸波 鶴鶴其質 先生感而興喟曰 凡爲自養 不可不愼

112-1. 선생께서 일찍이 포은(圃隱)[243]의 출처에 대해 논평하시기
를 "우왕(禑王)[244]과 창왕(昌王)[245]이 신씨(辛氏)인가 왕씨(王氏)
인가는 변설할 필요도 없다. 그 당시는 신돈(辛旽)[246]이 왕조

---

242 이 내용은 박인의 「남명선생언행총록」에 처음 보인다.

243 포은(圃隱): 정몽주(鄭夢周, 1337~1392)의 호이다. 자는 달가(達可), 본관은 연일
    이다. 1360년 문과에 급제하여 예문관 대제학 등을 역임하였다. 1392년 조선 개
    국을 반대하다가 이방원의 부하에게 선죽교에서 살해당하였다. 우리나라 성리학
    의 비조로 일컬어진다.

244 우왕(禑王): 1365~1389. 신돈의 첩 반야(般若)의 소생으로 알려져 있다. 어릴 때
    이름은 모니노(牟尼奴)로 1371년 신돈이 처형된 뒤, 후사가 없던 공민왕이 모니노
    를 자신의 아들이라 밝히고 궁궐에 들였으며, 1373년 우(禑)라는 이름을 받고 강
    녕부원대군(江寧府院大君)에 봉해졌다. 1374년 공민왕이 시해당한 뒤 이인임(李
    仁任)이 왕우를 옹립하여 왕위에 올랐다.

245 창왕(昌王): 1380~1389. 우왕의 아들로 1388년 위화도에서 회군한 이성계 세력에
    의해 우왕이 강화도로 추방된 뒤 아홉 살의 나이에 왕위에 올랐다. 1389년 11월 우
    왕과 창왕은 왕씨가 아니라는 이유로 폐위되어 강화도로 추방되었다가 그해 12월
    처형되었다.

246 신돈(辛旽): ?~1371. 성은 신씨(辛氏)이고, 법명은 편조(遍照)이며, 법호는 청한거
    사(淸閑居士)이다. 고려 말 승려로서 공민왕에게 발탁되어 토지개혁, 노비해방 등

를 더럽히고 혼란스럽게 하며 최영(崔瑩)[247]이 상국을 침범하여 군자가 벼슬할 때가 아니었다. 그런데도 그는 오히려 떠나지 않았으니, 이 점이 매우 의심할 만하다.”라고 하셨다.[248]

○ 先生嘗論圃隱出處曰 禑昌之是辛是王 不容辨說 其時 辛旽穢亂朝家 崔瑩侵犯上國 非君子仕宦之時 而猶不去 是甚可疑

112-2. 〔추가〕 정한강(鄭寒岡)[249]이 말하기를 “남명 선생은 일찍이 정포은(鄭圃隱: 정몽주)의 출처에 대해 의심하셨습니다. 제 생각으로는, 포은이 고려를 위해 한목숨을 바쳤다는 것은 매우 의심할 만합니다. 공민왕의 조정에서 대신(大臣)이 된 것이 30년이나 되는데, ‘〈도(道)로써 임금을 섬기다가〉 불가하면 그만둔다.’[250]라는 도에 이미 부끄러워할 만한 점이 있습니다. 또 신우(辛禑) 부자를 섬겼으니, 신씨(辛氏)를 왕씨(王氏)의 소생이라고 여겼다면 훗날 우왕을 내쫓을 때 포은 자신도 그 일에 참여한 것은 어찌 된 일입니까? 10년 동안 복종해 섬기던 임금을 하루아침에 내쫓아 죽이는 것이 옳은 일입니까?

을 추진하다가 처형되었다.

247 최영(崔瑩): 1316~1388. 본관은 창원이며, 고려 말의 장군으로 왜구와 홍건적을 토벌하여 공을 세웠다. 1388년 팔도도통사로서 명나라 요동을 정벌하고자 출병하였다.

248 이 내용은 『퇴계집』 권39 「답정도가문목(答鄭道可問目)」에 보인다.

249 정한강(鄭寒岡): 정구(鄭逑, 1543~1620)로, 한강은 그의 호이다.

250 도로써……그만둔다: 이 말은 『논어』 「선진」에 보인다.

우왕이 왕씨의 소생이 아니라면 여정(呂政)이 즉위한 뒤에는
영씨(嬴氏)가 이미 망한 것인데,[251] 오히려 아무 탈이 없었고
또 그 녹을 받아먹었습니다. 이와 같은데도 훗날 고려를 위해
죽은 것은 도저히 이해할 수 없습니다."라고 하였다.[252]

○ 鄭寒岡曰 南冥先生嘗以鄭圃隱出處爲疑 鄙意圃隱一死 頗可疑
爲恭愍王朝大臣三十年 於不可則止之道 已爲可愧 又事辛禑父
子 謂以辛爲王出歟 則他日放出 己亦預焉 何也 十年服事 一朝
放殺 是可乎 如非王出 則呂政之立 嬴氏已亡 而乃尙無恙 又從
而食其祿 如是而有後日之死 深可未曉

113. 선생께서 말씀하시기를 "일두(一蠹)[253]는 천령(天嶺)의 유종
(儒宗)[254]이다. 학문이 깊고 독실하여 우리 도가 의지할 점이

---

251 여정(呂政)이……것인데: '여정(呂政)'은 진시황(秦始皇)으로, 여불위의 아들이기
때문에 '여정'이라 부른다. '영씨(嬴氏)'는 진(秦)나라의 성씨이다. '여정이 즉위한
뒤에는 영씨가 이미 망한 것'이라는 말은 '우왕이 즉위한 뒤에는 고려의 왕씨가 이
미 없어진 것'이라는 뜻이다.

252 이 내용은 『퇴계집』 권39 「답정도가문목(答鄭道可問目)」에 보인다. 이 단락은 박
인의 『무민당집』 「남명선생언행총록」 및 벽한정 수고본 「언행총록」에는 보이지
않으며, 『남명선생별집』을 만들 적에 삽입한 것이다.

253 일두(一蠹): 정여창(鄭汝昌, 1450~1504)의 호. 자는 백욱(伯勗), 본관은 하동이다.
함양 출신으로 김종직에게 수학하였다. 별시문과에 급제하여 안의 현감 등을 지
냈다. 1498년 무오사화 때 김종직의 문도로서 붕당을 만든다는 죄목으로 함경도
종성에 유배되었다가 그곳에서 세상을 떠났다. 1504년 갑자사화 때 부관참시의
형을 받았다.

254 유종(儒宗): 유학의 종장이라는 의미이다.

남계서원
일두 정여창 제향

있었는데, 불행히도 연산군에게 피살되었다."라고 하셨다.[255]

○ 先生曰 一蠹天嶺之儒宗也 學問淵篤 吾道有依 不幸爲燕山
所殺

114. 선생께서 말씀하시기를 "한훤당(寒暄堂)과 효직(孝直)[256]은 모
두 선견지명이 부족하였다."라고 하셨다.[257]

○ 先生曰 寒暄孝直 皆不足於先見之明

---

255 이 내용은 『남명집』 권2 「유두류록(遊頭流錄)」에 보인다.

256 효직(孝直): 조광조(趙光祖, 1482~1519)의 자이다. 호는 정암(靜庵), 본관은 한양
이다. 별시 문과에 급제하여 사간원 대사간으로서 도학정치를 추진하다가 1519
년 기묘사화 때 사사되었다.

257 이 내용은 정인홍의 『내암집』 권15 부록 「남명선생답선생서(南冥先生答先生書)」
에 보인다. 이 단락은 박인의 『무민당집』 「남명선생언행총록」 및 벽한정 수고본
「언행총록」에는 보이지 않으며, 『남명선생별집』을 만들 적에 삽입한 것이다.

발남명언행록[*]
跋南冥言行錄

　　남명(南冥) 선생은 고상한 선비였다. 선생의 말씀은 대개 고고하고 귀에 거슬리며 매우 각박한 경우가 많다. 선생이 말씀하기를 "정포은(鄭圃隱 : 정몽주)의 한 차례 죽음은 가소롭다. 그가 공민왕(恭愍王)의 조정에서 벼슬하여 30년 동안 떠나지 않았는데, 신씨(辛氏)의 조정을 왕씨(王氏)의 소생이라 여긴 것이라면 훗날 우왕(禑王)을 내쫓을 때 자신도 거기에 참여했으니 〈이해할 수 없는 일이요,〉 10여 년 동안 신씨를 섬기다가 하루아침에 쫓아내 죽이고서 훗날 자신은 고려를 위해 죽은 것을 도저히 이해할 수 없다."¹

---

* 　이 글은 근기 남인계 학자 이익(李瀷)이 지은 것으로, 『성호전집(星湖全集)』 권55에 수록되어 있다.

1 　이 내용은 『퇴계집』 권39 「답정도가문목(答鄭道可問目)」에 보이는 정구(鄭逑)가 이황(李滉)에게 질문한 말로 글자의 출입이 있는데, 이익이 남명의 말로 착각한 듯하다. 「답정도가문목」에서 정구는 "南冥曺先生嘗以鄭圃隱出處爲疑 鄙意鄭圃隱一死 頗可笑 爲恭愍朝大臣三十年 於不可則止之道 已爲可愧 又事辛禑父子 謂以辛爲王出歟 則他日放出 己亦預焉 何也 十年服事 一朝放殺 是可乎 如非王出 則呂政之立 嬴氏已亡 而乃尙無恙 又從而食其祿 如是而有後日之死 深所未曉"라고 질문하였다.

라고 하였다. 이는 그의 심정은 무시하고 행적만을 논한 설로, 그 실상을 얻은 것이 아니다.

포은은 고려를 위해 죽었으니, 우리 조선 왕조의 입장에서는 어떠하겠는가? 그런데도 조선조를 건국한 지 10년 만에 바로 포상하셨다. 이는 조선 왕조에서 직접 보고 기억하여 마음으로 그를 포상한 것이다. 이제 세월이 오래되고 그 일도 묻힌 뒤에 막연하게 논의를 일으켜 그 잘잘못을 억측하여 판단하는 것은 혹 지나친 일이 아닐까? 퇴계(退溪 : 이황)가 말씀하기를 "세상의 의논하기 좋아하고 들추어내기를 좋아하며 남의 아름다운 점을 이루어주는 것을 즐거워하지 않는 자들이 쉴 새 없이 시끄럽게 떠들어 대니, 매양 귀를 막고서 듣고 싶지 않다."[2]라고 하였으니, 후세에 태어나 포은의 마음을 알아준 사람은 오직 퇴계뿐이다.

이굉중(李宏仲)[3]의 『계산기선록(溪山記善錄)』에 퇴계의 말을 기록하기를 "당시에 왕위를 계승한 자가 비록 신씨였지만 왕씨의 종묘사직이 아직 망하지 않았으므로 오히려 그를 섬기기를 그처럼 한 것이다. 이는 우씨(牛氏)가 사마씨(司馬氏)를 이어 즉위하였는데[4] 『자치통감강목(資治通鑑綱目)』[5]에 왕도(王導)[6]를 배척하지 않은

---

2 이 내용은 『퇴계집』 권39 「답정도가문목(答鄭道可問目)」에 보인다.

3 이굉중(李宏仲): 이덕홍(李德弘, 1541~1596)이다. 굉중은 그의 자이며, 호는 간재(艮齋), 본관은 영천(永川)이다. 이현보(李賢輔)의 종손으로, 10여 세에 이황의 문하에 나아가 배웠으며, 특히 역학(易學)에 뛰어났다. 저술로 『주역질의(周易質疑)』·『계산기선록(溪山記善錄)』·『간재집(艮齋集)』 등이 있다.

4 우씨(牛氏)가……즉위하였는데: 위진 시대 진(晉)나라는 사마씨(司馬氏)의 왕조

것과 같으니, 바로 이런 의리를 얻은 것이다."라고 하였는데, 이는 기록한 자의 오류인 듯하다. 아니면 혹 퇴계 선생이 말하기 어렵게 여겨서 은미한 말로 가탁해 말한 것일까?

저 '우씨가 사마씨를 이었다.'라는 것은 후대 역사에서 단정한 것이지, 당시의 공론이 이와 같았던 것은 아니다. 만일 참으로 고려 왕조가 진(晉)나라 때의 후사가 끊어진 상황과 같

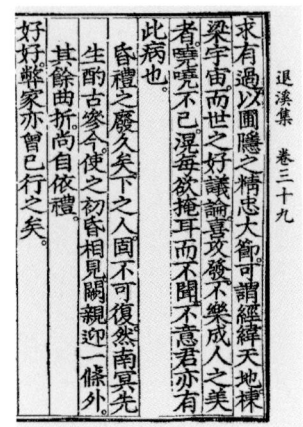

『퇴계집』권39 '世之好議論……'

았다면 단지 그 종사가 아직 무너지지 않았다는 것만을 핑계로 구차하게 이성(異姓)의 조정에 벼슬해 녹을 먹은 것이니, 어찌 의리의 당연한 바이겠는가? 그렇다면 저 왕도는 한낱 적신(賊臣)일 뿐, 본래 나라와 존망을 함께하려는 뜻이 없었던 것이다. 『자치

였다. 진나라 원제(元帝)는 민제(愍帝)를 계승하여 즉위했는데, 원제의 어머니가 우씨(牛氏)와 간통하여 원제를 낳았기 때문에 '우씨가 사마씨를 계승하여 즉위하였다'고 말한 것이다.

5 자치통감강목(資治通鑑綱目): 송나라 사마광(司馬光)이 지은 『자치통감(資治通鑑)』을 주희(朱熹)가 『춘추(春秋)』의 형식에 따라 역사적 사실에 대하여는 큰 제목으로 강(綱)을 따로 세우고, 관련 기사는 목(目)으로 나누어 기술한 책으로 총 59권이다. 주희는 대요만 썼고, 그의 제자 조사연(趙師淵)이 세목을 완성하였다.

6 왕도(王導): 276~339. 자는 무홍(茂弘), 시호는 문헌(文獻)이며, 낭야(瑯邪) 임기(臨沂) 사람이다. 위진 시대 진나라 원제(元帝)를 도와 동진(東晉)을 안정시켰으므로 조야의 중망을 받아 '중보(仲父)'로 불렸다. 명제(明帝)와 성제(成帝)를 보좌하며 대장군(大將軍)·시중(侍中)을 거쳐 태보(太保)·사도(司徒) 등을 역임하였다.

통감강목』에서 폄훼하지 않은 것은 꼭 종사가 망하지 않은 것 때문만은 아니었으니, 고려 왕조의 일을 어찌 이에 비하여 똑같이 여길 수 있겠는가?

또 양용수(楊用修)[7]가 『진서(晉書)』를 인용하여 이르기를 "애초 현석도(玄石圖)[8]에 '소가 말의 뒤를 계승한다.[牛繼馬後]'라는 내용이 있었으므로 진 선제(晉宣帝)가 우씨(牛氏)를 매우 꺼렸다. 마침내 술통의 내부가 2칸이고 주둥이가 1개인 술병을 만들어 술을 담아서 황제가 먼저 그 좋은 술을 마시고, 다른 한쪽의 독주(毒酒)로 그의 장수 우금(牛金)을 독살하였다. 그러나 공왕(恭王)의 비(妃)[9]가 끝내 소리(小吏) 우씨(牛氏)와 간통하여 원제(元帝)를 낳았다. 그런데 지금 『자치통감(資治通鑑)』에서는 그 글을 생략하였다."[10]라고 하였으니, '우금은 결국 억울하게 죽었고 또 오명을 뒤집어썼다'고

---

7   양용수(楊用修): 양신(楊愼, 1488~1559)이다. 용수는 그의 자이며, 호는 승암(升庵)
    으로, 명나라 때 학자이다.
8   현석도(玄石圖): 중국 삼국 시대 위(魏)나라 명제(明帝) 때 하서(河西) 유곡(柳谷)
    에서 물이 소용돌이치면서 거북 모양의 돌이 나왔는데, 돌 위에 기린·봉황·석마
    (石馬)·희우(犧牛)·팔괘(八卦)·별자리 등의 그림이 새겨져 있었다. 당시 조정에서
    는 위나라가 한(漢)나라를 이은 것을 나타낸 상서로 보고 조서를 반포하였는데,
    사실은 진(晉)나라가 위나라의 뒤를 잇고 또 진 원제가 우씨(牛氏)에게서 나올 것
    을 예언한 것이라고 한다. (『자치통감』 권73 「위기(魏紀)」)
9   공왕(恭王)의 비(妃): 공왕은 진 선제(晉宣帝) 사마의(司馬懿)의 손자이며, 비(妃)
    는 그의 부인 하후씨(夏侯氏)를 가리킨다.
10 자치통감(資治通鑑)에서는……생략하였다: 『자치통감』에는 "공비(恭妃)가 소리
    (小吏) 우금(牛金)과 간통하여 원제를 낳았다."라고만 기술하여 전후 상황을 생략
    하였고, 또 간통한 우씨와 우금을 같은 인물로 혼동하였다.

할 만하다.[11] 이런 설은 억울하게 죽은 우금에게는 설욕이 되겠지만, 또 우씨가 사마씨를 이었다는 설을 확실하게 밝히지는 못하였으니, 반드시 진실을 전한 것이라고 할 수 없다.

이 일은 본래 심약(沈約)의 『송서(宋書)』에서 나온 것인데, 심약은 단지 하승천(何承天)[12]의 글을 본으로 삼고 서원(徐爰)[13]의 설을 방증으로 채집하였으니, 그 근원이 도청도설하는 야승(野乘)에서 나온 것에 불과하여 깊이 신뢰하기에 부족하다. 그러므로 왕소(王邵)가 "기이한 이야기를 잘 만들어 내서 전대(前代)를 속였으니, '소리(小吏) 우금과 간통했다'는 설 같은 유형이 그것이다. 후에 양무제(梁武帝)[14]는 알고서도 그르게 여기지 않았다."라고 하였으니, 옛날에도 전대의 사안을 논의하여 이미 판별할 수 있는 자가 있었던 것이다.

이것이 비록 고려의 일과는 또 다른 점이 있다고 할지라도 단지 "왕도(王導)가 떠나지 않은 것은, 진(晉)나라가 비록 혈통은 끊어졌지만 종사가 아직도 남아 있었기 때문이다."라고 말한다면 어찌 옳겠는가. 이 점은 또한 역사를 읽는 사람이 깊이 고찰해야 할 바이다.

南冥先生 高尙之士也 其言槪多高苦而傷刻 謂鄭圃隱一死可笑

---

11 우금은……만하다: 『성호사설』 권26 「우금지무(牛金之誣)」에도 이와 관련된 사실을 자세히 밝혀 놓았다.

12 하승천(何承天): 남북조 시대 남조(南朝) 송(宋)나라 때 대부이다.

13 서원(徐爰): 남송 때 사람이다.

14 양 무제(梁武帝): 남북조 시대 남조 양나라 무제이다.

仕恭愍三十年不去 以辛朝爲王出也 則佗日放出 己亦豫焉 十年服
事 一朝放殺 後日之死 深可未曉 此廢心論蹟之說 未有得其實也 圃
隱爲麗氏死 其於聖朝爲何如 而開國十年 便加褒崇 此聖朝之覯記
而心賞之也 至今世遠事湮之後 依俙立論 臆斷其得失 或者過耶 退
溪之言曰 世之好議論喜攻發 不樂成人之美者 曉曉不已 每欲掩耳
而不聞 後圃隱而知其所存者 惟退溪耳 李宏仲記善錄 錄退溪之言
曰 當時繼立者 雖辛氏 而王氏宗社未亡 故猶事之如此 如牛氏繼立
而綱目不斥王導 正得此義 此恐記者之誤也 其或先生難於爲說 而
微辭託言耶 夫牛繼馬 後來史筆所斷 非當時公誦如此 若眞如晉氏
嗣絶 則徒諉其宗社之未毀 而區區縻祿於異姓之朝 豈義之當然乎
彼王導特一賊臣 本無與國存亡之志 綱目不貶 未必爲宗社之不亡
安得比而同之 且楊用修引晉書云初玄石圖 有云牛繼馬 宣帝深忌牛
氏 遂爲二榼共一口以貯酒 帝先飮其佳者 而以毒酒鴆其將牛金 而
恭王妃竟通小吏牛氏生元帝 今通鑑省其文云云 牛金可謂枉著一死
又負穢名也 此說於金之冤則雪矣 又不能覈牛氏之說 未必爲眞傳也
此事本出沈約宋書 而約只以何承天書爲本 旁採徐爰說 其源不過由
於野乘塗聽 未足深信 故王邵謂其善造奇說 以誣前代 如小吏牛金
之類是也 後梁武帝知而不以爲非云云 則古之尙論 已有能辨之者也
此雖與麗事 又似有不同 而若但曰導之不去 只爲晉氏雖絶而宗社猶
存故也則奚可哉 此又讀史之所可深考

제2부

정인홍鄭仁弘의

남명선생병시사적

남명선생병시사적[*]
南冥先生病時事蹟

선생께서 김우옹(金宇顒)에게 일러 말씀하시기를 "나에게는 평생 하나의 장점이 있으니, 죽을지라도 구차하게 남을 따르려 하지 않은 것이다. 너는 이를 잘 기억하길 바란다."라고 하셨다.

또 나와 김우옹·정구(鄭逑)에게 말씀하시기를 "너희들이 출처(出處)[1]에 대해 대략 소견이 있는 것을 나는 마음속으로 인정한다.

---

* 이 자료는 정인홍(鄭仁弘, 1536~1623)의 『내암집(來庵集)』 권12에 수록되어 있는데, '신미년십이월이십일일(辛未年十二月二十一日)'이라는 간주가 있다. 신미년은 1571년이며, 음력 12월 21일은 양력으로 1572년 1월 6일(기유)이다. 정인홍의 자는 덕원(德遠), 호는 내암(來庵), 본관은 서산이다. 남명에게 수학하였으며, 1573년 학행으로 천거되어 황간 현감 등을 지냈다. 1589년 기축옥사로 동인이 남인과 북인으로 분당할 때 북인의 편에 서서 후에 북인의 영수가 되었다. 임진왜란 때 의병장으로 공을 세웠으며, 북인이 소북과 대북으로 갈릴 때 대북정권의 영수가 되었다. 광해군 대에 영의정에 올랐다. 그는 스승 남명의 추존 사업을 하는 한편, 이언적과 이황의 문묘종사를 반대하다가 팔도 유생들로부터 공격을 받고 청금록(靑衿錄)에서 삭제되었다. 1623년 서인이 일으킨 계해정변(인조반정) 때 살제폐모(殺弟廢母)의 강상죄를 범한 죄목으로 처형되었다. 김우옹의 「남명선생언행록」에도 이와 유사한 내용이 있다.

1 출처(出處): 출(出)은 벼슬길에 나아가는 것이고, 처(處)는 벼슬길에 나아가지 않

사군자(士君子)[2]의 큰 절개는 오직 출처 한 가지 일에 달려 있을 따름이다."라고 하셨다.

〈정월〉 15일 아침. 선생께서 나와 김우옹을 불러 말씀하시기를 "내 오늘은 정신이 전과 같지 않으니, 아마도 죽을 듯하다. 더 이상 약을 들이지 말라."라고 하셨다. 내가 손으로 두 눈을 닦아드리고 눈동자를 열어 살펴보니, 정기가 맑아 평소와 다름이 없으셨다.

또 창문을 열게 하고 말씀하시기를 "날씨가 저렇게도 청명하구나."라고 하셨다.

또 말씀하시기를 "벽에 써서 걸어놓은 경의(敬義) 두 글자는 학문을 하는 데 매우 절실하고 긴요하다. 운운. 학자는 공부하는 요점이 공부를 익숙히 하는 데 있다. 공부를 익숙하게 하면 한 물체도 가슴속에 남아있지 않을 것이다. 나는 그런 경지에 이르지 못하고 죽는구나."라고 하셨다.

고 초야에 머물러 있는 것이다. 처(處)는 은(隱)과 달리 현실정치에 참여하지는 않지만, 현실을 외면하지 않고 적극적으로 대응하는 지식인의 처세를 가리킨다.

2   사군자(士君子): 사(士)는 독서하여 도를 구하는 벼슬하지 않은 사람이며, 군자(君子)는 소인(小人)과 상대적인 말로 덕이 있는 사람이다. 사군자는 사인(士人)의 신분으로 덕이 있는 사람을 가리킨다.

이날 선생께서는 이미 약을 끊으셨고, 미음도 드시지 않으셨다. 온종일 누워 계셨는데, 정신이 또렷하여 어지럽지 않으셨다. 내가 나아가 말씀드리기를 "약을 끊으시는 것은 말씀대로 따르겠습니다. 그러나 미음을 드시지 않는 것은 자연스러운 도리가 아닌 듯합니다."라고 하니, 선생께서 미음을 조금 들이라고 하셨다. 그날 저녁에 조금 소생하셨다. 다시 20여일을 누워계시다가 생을 마감하셨다.

경이직내 의이방외 윤효석 作

선생께서는 비록 중한 병환을 앓고 계셨지만, 한순간도 마음을 붙잡고 보존하는 생각을 잊지 않으셨으니, 아마도 고인이 이른바 '숨이 아직 남아 있을 적에는 이 의지가 조금이라도 해이해지는 것을 용납하지 않는다.'[3]라고 하는 경지일 것이다.

謂宇顒曰 吾平生有一長處 抵死不肯苟從 汝尙識之 又語仁弘及顒述曰 汝等於出處 粗有見處 吾心許也 士君子大節 惟在出處一事而已 十五日朝 呼仁弘宇顒曰 吾今日精神異前 殆其死矣 其勿復進藥 以手拭兩眼 開視眸子 精明無異平生 又令開窓曰 天日如許清明

---

3 숨이……않는다: 이는 『논어집주』 「태백」 제7장 주자의 주에 보인다.

也 又曰 書壁敬義二字 極切要云云 學者要在用工熟 熟則無一物在
胸中 吾未到這境界以死矣 是日 先生旣斷藥物 米飮不入口 終日沈
臥 了不亂 仁弘進曰 藥之斷 固聞命矣 至於米飮不入口 恐非自然底
道理 先生爲進少許 日夕而稍蘇 更留連二十餘日而終 先生雖在甚
病之中 未嘗一刻忘操存之意 殆古人所謂一息尙存 此志不容少懈
者也

제3부

배신裵紳의

남명선생행록

남명선생행록*
南冥先生行錄

1. 선생께서는 타고난 자질이 매우 고상하였으며, 가슴속이 깨끗하셨다.

○ 先生天稟甚高 襟懷脫灑

2. 선생께서는 젊어서부터 옛날의 도를 믿고 의리를 좋아하여 명

---

* 이 자료는 배신(裵紳, 1520~1573)의 『낙천집(洛川集)』 권1에 수록되어 있다. 원문은 단락이 나누어져 있지 않으나 내용에 따라 번호를 부여하고 단락을 나누었다. 배신의 자는 경여(景餘), 호는 낙천(洛川), 본관은 성주이며, 현풍에 살았다. 20세에 조식을 찾아가 배웠고, 뒤에 이황에게도 배웠으며, 성운(成運)·임훈(林薰)의 문하에도 나아가 배웠다. 1561년 진사시에 합격한 뒤 성균관의 천거를 받아 남부 참봉에 제수되었으며, 뒤에 경기전 참봉에 제수되었으나 나아가지 않았다. 1571년 선비 양성을 위해 동몽교관을 선발하였는데, 조목(趙穆)과 함께 수망(首望)으로 천거되었다. 1572년 동몽교관에 부임하였는데, 『소학』을 우선으로 가르치고 행실로 모범을 보이자, 배우러 오는 학생이 많아 다 수용할 수 없었다. 조식이 별세했을 때 조정의 명령으로 「남명선생행록」을 지어 올렸다. 황준량(黃俊良)·오건(吳健)·노진(盧禛) 등과 교유하였으며, 문인으로 곽준(郭越)·박성(朴惺) 등이 있다. 저술로 2권 1책의 『낙천집』이 있다.

예와 절조(節操)[1]를 스스로 갈고 닦으셨다.

○ 自少 信古好義 以名節自砥礪

3. 선생께서는 일찍이 산해정(山海亭)[2]을 짓고, 도서(圖書)를 좌우
   에 두고서 큰 뜻을 품고 수학하는[3] 공간으로 삼으셨다. 스스로
   남명(南冥)[4]이라고 호를 지으셨다.

○ 嘗構山海亭 左右圖書 以爲藏修之地 自號南冥

4. 드디어 과거 공부에 싫증을 느끼고서 오로지 위로 천고의 인

---

1 절조(節操): '절(節)'은 대나무의 마디이고, '조(操)'는 붙잡고 지킨다는 뜻이니, 대
  나무의 마디처럼 명확히 구분하여 취사선택하며 지조를 굳게 지키는 정신을 가리
  킨다.

2 산해정(山海亭): 조식이 30세 때 처가가 있는 김해로 이주하여 신어산(神魚山) 밑
  에 지은 정사이다. 「좌우명」에 "산처럼 우뚝하고 연못처럼 깊숙하게 하면[岳立淵
  沖]"이라고 한 것으로 보아, 산처럼 높고 바다처럼 깊은 학문을 추구하고자 하는
  원대한 지향을 드러낸 것으로 추정된다.

3 큰……수학하는: 원문의 '장수(藏修)'는 『예기』「학기(學記)」에 "군자가 학문을 할
  적에는 큰 뜻을 품고 수학하기도 하며 쉬면서 노닐기도 한다.[君子之於學也 藏焉修
  焉 息焉遊焉]"라고 한 데서 나온 말이다. '장(藏)'은 '큰 뜻을 품다'라는 뜻이고, '수
  (修)'는 학문을 익힌다는 뜻이다.

4 남명(南冥): '남쪽 문명이 없는 어두운 곳에 은거하여 사는 사람'이라는 뜻으로 붙
  인 이름이다. '남명'이라는 어휘가 『장자』「소요유(逍遙遊)」에 보이기 때문에 그
  간 연구자들이 노장사상을 일정하게 수용한 것으로 해석하였는데, 사화의 기미를
  보고 멀리 피해 성현의 학문을 하기로 한 조식이 『장자』에 보이는 '북쪽 바다에서
  남쪽 바다로 옮겨온 붕새'에 자신을 비유했을 리는 만무하니, 문자는 『장자』에서
  취했을지라도 그 뜻은 '남쪽 어두운 곳에 은거하고 있는 사람'이라고 보는 것이 옳
  을 것이다. 곽종석(郭鍾錫)은 "선생이 일찍이 자신의 호를 '남명'이라 하였으니, 이
  는 대개 자신의 재능과 덕행을 숨기고 드러내지 않으려 한 것이다."라고 하였으니

산해정(신산서원)

물을 벗하는 것[5]을 지향으로 삼으셨다.[6]

○ 遂厭科擧之業 專以尙友千古爲志

5. 중년에 두류산(頭流山)[7] 덕산동(德山洞)[8]으로 들어가 사셨다. 천
왕봉 밑에서 발원한 큰 시내가 흐르고 움푹한 동천이 형성된
곳에 시냇물은 푸르고 차가우며 흐르는 물이 고여 맑은 못이
된 곳이 있었다. 그 언덕에 집을 짓고서 뇌룡사(雷龍舍)[9]라고 이
름을 붙였는데, 이는 천 길 연못 속에 사는 동물로는 오직 용만
이 있다는 것을 형상하신 것이다. 이는 대개 확고하여 그의 의
지를 뽑을 수 없다는 뜻을 취하신 것이다. 또 이름을 바꾸어 계
부당(鷄伏堂)[10]이라고 하였는데, 이는 대개 그 공부의 과정에

'남쪽 어두운 곳에 은거한 사람'으로 본 것이다.

5   위로……것: 『맹자』 「만장 하(萬章下)」에 "이 세상의 훌륭한 선비와 벗하는 것으로
충분하지 못하면 다시 옛 시대로 올라가서 옛사람을 논한다. 그의 시를 낭송하고,
그의 글을 읽으면서 그가 어떤 사람인지 모르는 것이 옳겠는가? 그러므로 그 세상
을 논하는 것이니, 이것이 옛 시대로 올라가서 벗하는 것이다.[以友天下之善士爲未
足 又尙論古之人 頌其詩讀其書 不知其人 可乎 是以 論其世也 是尙友也]"라고 하였다.

6   오로지……삼으셨다: 성현의 학문에 뜻을 두고서 성현처럼 되고자 했다는 말이다.

7   두류산(頭流山): 지리산을 가리킨다. 백두산에서 뻗어내려 반도 남쪽에 우뚝하게
솟은 산이라는 뜻으로 붙여진 이름으로, 조선시대 사대부 지식인들이 즐겨 사용
한 명칭이다.

8   덕산동(德山洞): 현 산청군 시천면 일대를 가리킨다. 조선 시대에는 진주목(晉州
牧)에 속했던 지역이다.

9   뇌룡사(雷龍舍): 『장자』 「재유(在宥)」에 "시동처럼 가만히 있다가도 때가 되면 용
처럼 신묘하게 나타나고, 연못처럼 묵묵히 있다가도 때가 되면 우레처럼 소리를
낸다.[尸居而龍見 淵黙而雷聲]"라고 하였다. 이는 깊숙이 은거하여 침잠해 수양하
는 것을 주로 하되 필요하면 때때로 그 신묘한 작용을 드러낸다는 의미이다.

뇌룡사

잠시도 끊어짐이 없어야 한다는 의미를 취하신 것이다.[11]

○ 中年 入頭流山德山洞 居焉 有巨川發源於天王峰下 直截洞府 波流紺寒 注爲淸潭 築其上 名之曰雷龍舍 象千尋之下有動物 其唯龍之謂 蓋取其確乎其不可拔者也 又改之曰鷄伏堂 蓋取其 功程之無間斷者也

---

10 계부당(鷄伏堂): '계부'는 닭이 알을 품고 부화하는 것을 의미하는 말로, 알을 품는 닭처럼 깊숙이 은거하여 수양하는 집이라는 뜻으로 붙인 이름이다.

11 또……것이다: 계부당은 삼가현 토동에 살 적에 거주하던 공간에 붙인 이름이다. 지리산 천왕봉 아래 덕산에 살 적에는 살림집의 이름을 뇌룡사(雷龍舍)라 하였는데, 계부당으로 이름을 바꾸었다는 기록은 없다. 계부당으로 이름을 바꾸었다는 설은 아마도 삼가현 토동의 계부당과 혼동한 듯하다. 또한 이 단락의 맨 앞에 '중년'이라고 한 것도 산천재로 이주한 시기라면 '노년'으로 보아야 한다. 아마도 배신이 남명 조식이 중년에 거주한 삼가현 뇌룡사·계부당과 만년 은거지인 덕산동 산천재를 혼동하여 기술한 듯하다.

6. 만년에 이르러 예전 성현들의 언행을 많이 알아 덕을 축적하신 것이 광대하였다. 또 서재의 이름을 산천재(山天齋)라고 하였는데, 이는 대개 『주역』「대축괘(大畜卦)」의 '의지를 강건하고 독실하고 빛나게 해서 날마다 덕을 새롭게 변화시키자'라는 뜻을 취하신 것이다. 선생께서는 이곳에서 소요하며 스스로 즐겁게 지내고, 마음을 성찰하는 것이 고상하며 밝으셨다. 항상 입으로 말씀하시는 것은 요·순 시대의 정사였고, 노래하시는 것은 삼대(三代)[12]의 일이었다.

○ 及其晩年 多識前言往行 所畜者大 則又扁之曰山天齋 蓋取其剛健篤實輝光日新之義也 徜徉自樂 玩心高明 常嘯詠者唐虞 嘔吟者三代矣

7. 일찍이 삼족당(三足堂) 김대유(金大有)[13] 공, 송계(松溪) 신계성(申季誠)[14] 군, 황강(黃江) 이희안(李希顔)[15] 군과 벗하며 서로 왕

---

12   삼대(三代): 중국 하(夏)나라, 상(商)나라, 주(周)나라 초기의 정치 교화가 잘 이루어진 시대를 가리킨다.

13   김대유(金大有): 1479~1552. 자는 천우(天祐), 호는 삼족당, 본관은 김해이다. 김준손(金駿孫)의 아들이며, 김일손의 조카이다. 조광조·조식과 도의지교를 맺었다. 1519년 현량과에 급제한 뒤 칠원 현감 등을 지냈다. 청도군 동쪽 운문산 아래에 살았다.

14   신계성(申季誠): 1499~1562. 자는 자함(子諴), 호는 송계(松溪), 본관은 평산이다. 밀양에 살았으며, 박영(朴英)에게 수학였다. 김대유·조식·이희안 등과 교유하였다. 정온(鄭蘊)은 신계성·조식·이희안을 '영남삼고(嶺南三高)'라고 칭하였다. 학문은 『소학』으로 함양의 근본을 삼고, 실천을 독실히 하는 것을 힘썼다. 후손이 만든 2권 1책의 『송계실기(松溪實紀)』가 있다.

래하셨다. 만년에는 또 퇴계(退溪) 이황(李滉) 선생과 서로 편
지를 주고받으며 간곡하게 논변하셨다.[16]

○ 嘗與三足堂金公【大有】松溪申君【季誠】黃江李君【希顔】爲友
相往來焉 暮年 又與退溪李先生相通簡 嚶緊論辯焉

8. 또한 일찍이 선생께서 말씀하시기를 "나는 『성리대전』을 읽
다가 깨달은 점이 있다."라고 하셨다. 선생의 학문은 주정(主
靜)[17]을 기초로 하고, 고결(高潔)을 고상함으로 삼았다. 선생께

15　이희안(李希顔): 1504~1559. 자는 우옹(愚翁), 호는 황강, 본관은 합천이다. 초계
　　출신이다. 기묘사화 때 부친 이윤검(李允儉)과 친했던 김식(金湜)이 구금되고 중
　　형 이희민(李希閔)이 조광조의 문인이라는 이유로 삭탈관직되었다. 14세 때 사마
　　시에 합격하였다. 1531년 황강정(黃江亭)을 짓고 소요하였으며, 1552년 유일로
　　천거되어 고령 현감에 부임하였다. 조식·신계성 등과 교유하였다. 문인으로 전치
　　원(全致遠) 등이 있다. 후손이 1900년에 편찬한 『합천이씨세고(陜川李氏世稿)』권
　　4에 40장 분량의 「황강실기(黃江實紀)」가 들어 있다.

16　퇴계(退溪)……논변하셨다: 이황과 조식이 주고받은 편지를 정리하면 다음과 같
　　다. 1553년 이황이 조정에 있을 적에 조식에게 출사를 권하면서 보낸 편지가 「여
　　조건중-식-(與曹楗仲-植-)」(『퇴계집』권10)이고, 이에 조식이 동년 이황에게 답
　　한 편지가 「답퇴계서(答退溪書)」(『남명집』권2)이며, 동년 이황이 다시 조식에게
　　보낸 편지가 「답조건중(答曹楗仲)」(『퇴계집』권10)이다. 그 뒤 1564년 조식이 먼
　　저 이황에게 젊은 학자들이 고담성리하는 것을 억제하라는 내용으로 보낸 편지가
　　「여퇴계서(與退溪書)」(『남명집』권2)이고, 이에 이황이 답한 편지가 「답조건중
　　갑자(答曹楗仲甲子)」(『퇴계집』권10)이다. 여기서는 1564년 조식이 이황에게 보
　　낸 편지를 가리키는 듯하다.

17　주정(主靜): 송나라 때 학자 주돈이(周敦頤)의 『태극도설(太極圖說)』에 "성인은 중
　　정(中正)·인의(仁義)로써 마음을 안정하여 정(靜)을 주로 하여 인간의 표준을 세
　　웠다.[聖人定之以中正仁義而主靜 立人極焉]"라고 하였다. 정(靜)은 동(動)과 상대적
　　인 의미로 미발(未發)의 상태를 가리킨다.

서는 공명(功名)을 태허 속의 한 조각 구름처럼 보셨다. 부귀(富貴)와 빈천(貧賤)에 빠지지도 않고 마음을 두지도 않은 점에 대해서는 말할 것도 없는 점이 있으셨다. 신송계(申松溪 : 신계성)가 일찍이 말하기를 "삼족당(三足堂 : 김대유)은 높고 드넓어 구애되지 않는 기품을 지녔고, 남명(南冥)은 눈 내린 밤하늘의 차가운 달과 같은 기상이 있었고, 황강(黃江 : 이희안)은 일을 기획하고 시행하는[18] 큰 솜씨가 있었다."라고 하였는데, 당시 사람들이 세 군자의 기상을 잘 형용한 것이라고 하였다.

○ 又嘗曰 吾讀性理大全 有悟焉 其學 以主靜爲基 以高潔爲尙 其視功名 有如太虛中一片雲矣 至於富貴貧賤 不淫不移 則有不足道者 申松溪嘗有言曰 三足有軒豁不拘底氣宇 南冥有雪天寒月底氣像 黃江有設施〈缺〉底大手 時人謂善形容三君子矣

9. 선생께서는 집안사람들을 효도와 우애로써 다스리셨는데, 집안의 법도가 엄숙하고 정연하였다. 몸소 경(敬)과 의(義)를 실천하여 심학(心學)[19]이 반듯하셨다.

○ 先生治家以孝友 家道肅律 身以敬義 心學正

---

18 일을……시행하는: 원문은 '設施-〈缺〉-底大手'로 되어 있다. '설시(設施)' 다음에 빠진 글자는 '배포(排布)' 또는 '사위(事爲)'인 듯한데, 여기서는 '사위(事爲)'가 빠진 것으로 보아 번역하였다.

19 심학(心學) : 마음을 다스리는 학문을 말한다.

10. 항상 지향을 함께 하는 선비들과 개탄하면서 말씀하시기를 "오늘날의 학자들이 매양 육상산(陸象山)[20]의 학문은 '곧장 약례(約禮)하는 것[徑約]'[21]을 위주로 한다고 비판하지만, 그들이 자신을 위한 실질적인 학문을 할 적에는 먼저 『소학』·『대학』·『근사록(近思錄)』을 읽으면서 공부하지 않고 먼저 『주역』·『역학계몽(易學啓蒙)』[22]을 읽으며, 격물(格物)·치지(致知)·성의(誠意)·정심(正心)의 차례[23]를 구하지 않고 또 반드시

---

20 육상산(陸象山): 육구연(陸九淵, 1139~1192)으로, 자는 자정(子靜), 상산은 그의 호이다. 무주(撫州) 금계현(金谿縣) 사람으로 1172년 진사 시험에 합격한 후 지방관으로 종사하였다. 그는 "마음은 하나의 마음이요, 이치는 하나의 이치이다. 이 마음이 곧 이치여서 둘로 나누어져 있는 일은 없다."라는 심즉리설(心卽理說)을 주장하였다. 그의 사상은 명대의 진헌장(陳獻章)에게 영향을 주었고, 왕수인(王守仁)에게 이르러 양명학을 정립하는 데 큰 영향을 끼쳤다.

21 곧장……것: 정주학(程朱學)에서는 선지후행(先知後行)으로 격물치지의 지(知)를 우선시하고, 그다음에 자신을 수양하고 실천하는 행(行)을 말한다. 이는 글을 널리 배워 이치를 아는 박문(博文)을 지(知)로 보고 예(禮)에 맞게 자신을 실천하는 약례(約禮)를 행(行)으로 보는 시각이며, 도문학(道問學)을 지(知)로 보고 존덕성(尊德性)을 행(行)으로 보는 시각이다. 이런 관점에서 박문을 생략하고 약례만을 중시하는 육구연의 학문 성향을 '경약(徑約)'이라고 말한 것이다.

22 역학계몽(易學啓蒙): 주자가 『주역본의(周易本義)』를 지은 뒤에 그 의미를 후인들이 알지 못할까 염려하여 역(易)의 도식(圖式)·점서(占筮) 등을 상수학(象數學)의 관점에서 풀이한 책이다.

23 격물(格物)……차례: 『대학』 팔조목 중에서 격물·치지는 이치를 탐구하는 지(知)이고, 성의·정심·수신은 앎을 자신의 몸으로 실천하는 행(行)이고, 제가·치국·평천하는 지·행을 통해 이룩한 덕으로 주위 사람들에게 영향을 미쳐 나가는 것을 추행(推行)이라 한다. 지(知)와 행(行)은 삼강령의 명명덕(明明德)에 속하는 일로 본(本)이라 하고, 추행(推行)은 신민(新民)에 속하는 일로 말(末)이라 하였다. 여기서는 이러한 공부의 차례를 따르지 않고 초학자들이 고원한 이치를 추구하는 것을 지적한 것이다.

먼저 성명(性命)의 이치[24]를 말하고자 하니, 그 유폐가 육상산의 학문에서 그칠 뿐만이 아니다."라고 하셨다.

○ 常與同志之士 慨然曰 今之學者 每病陸象山之學以徑約爲主 而其爲自己之學 則不先讀小學大學近思而做工 先讀周易啓蒙 不求之格致誠正之次序 而又必欲先言性命之理 則其流弊 不但 象山而止也

11. 또 어떤 사람이 질문하기를 "선생은 엄자릉(嚴子陵)[25]과 비교해 어떻습니까?"라고 하니, 선생께서 답하시기를 "아! 엄자릉의 기상과 절개를 내가 어찌 따라갈 수 있겠는가. 그러나 엄자릉과 나는 도를 같이하지 않는다. 나는 이 세상을 잊지 못하는 사람으로, 내가 원하는 바는 공자를 배우는 것이다."라고 하셨다. 이를 보면 또한 선생의 학문이 바른 것을 알 수 있다.

○ 又有問者曰 先生 孰與嚴子陵 曰 惡 子陵氣節 其可跂歟 然子陵

---

24 성명(性命)의 이치: '성명(性命)'은 『주역』 「건괘(乾卦)」에 "건도(乾道)가 변화하여 각각 성명을 바르게 한다.[乾道變化 各正性命]"에서 유래한 말로, 주희는 '하늘이 생명체에게 명하여 생명체가 품부 받은 본성'이라고 해석하였다. 이는 『중용』 첫머리에 '천명지위성(天命之謂性)'이라고 말한 것과 같은 의미로 쓰인다. 여기서는 하늘로부터 부여받은 본성의 이치를 말한다.

25 엄자릉(嚴子陵): 후한 때 사람 엄광(嚴光)으로, 자릉은 그의 자이다. 후한 광무제(光武帝)와 동문수학하였는데, 광무제가 황제로 즉위한 뒤에는 성명을 바꾸고 숨었다. 광무제가 간의대부에 제수하고 그를 불렀으나 끝내 나아가지 않고 부춘산(富春山) 동강(桐江)가에서 숨어 살았다. 「엄광론」에서는, 엄광이 왕도정치를 추구하였으나 왕도를 펼 수 없어 나가지 않은 인물로 보았다.

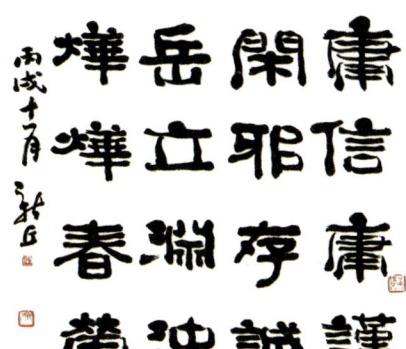

좌우명
윤효석 作

與吾 不同道 余未忘斯世者也 所願學孔子也 亦可見學問之正也

12. 비록 세상에 은둔해 살면서 남에게 알려지지 않더라도 근심하지 않았으며, 그렇게 생을 마칠 듯이 하셨다. 그러나 비분강개하며 세상을 걱정하는 충성스런 마음은 절로 그칠 수 없어서, 한밤중에 눈물을 흘리는 경우가 많으셨다.

○ 雖遯世不見知 而無憫 若將終身 然慷慨憂世之誠心 不自已 有至於中夜流涕者 多矣

13. 선생께서는 대개 선(善)을 선하게 여기는 마음은 미치지 못할 듯이 하셨고, 악을 미워하시기를 끓는 물을 만지듯이 얼른 피하셨다.

○ 蓋善善如不及 惡惡如探湯

14. 정의로운 기상이 엄격하고 매서워 사람들이 감히 사적인 마음으로 요구하지 못하였다. 세상사에 비분강개하고 사악한 것을 미워하는 마음은 처음부터 끝까지 변치 않으셨다. 선한 사람을 좋아하고, 불선한 사람을 미워하셨다. 여기서 또한 선생의 도가 분명한 것을 알 수 있다.

○ 義氣嚴烈 人不敢干以私 憤世疾邪之心 終始不渝 善者好之 不善者惡之 又可見其道之分明也

15. 명종 임금 때에 상소를 올려 실정을 극언하셨다.[26] 사람들은 모두 선생을 위태롭게 여겼는데, 선생께서는 오히려 목숨을 바칠 정도로 극진하지 못했다고 여기셨다. 소장을 올리고 난 뒤로 하루하루 매일 아침 일찍 일어나 의관을 정제하고서 문밖에 꼿꼿하게 앉아 하루 종일 자세를 흐트러뜨리지 않고 여러 달 동안 왕명을 기다리셨다.

○ 當明廟朝 上疏章極言之 人皆危之 先生猶以爲未盡自效 而自上疏章後 日復日日 夙興衣冠 危坐門外 竟日不懈 以待命者 累月矣

16. 훗날 또 임금의 부름을 받았는데 일찍 궁궐의 문을 나와 훌쩍 도성을 떠나서 집으로 돌아와 산수에 묻혀 지내셨다. 선생의

---

26 명종……극언하셨다: 1555년 단성 현감에 제수되어 사직하면서 올린 「을묘사직소」를 가리키는 듯하다.

지조와 절개는 사납게 흐르는 강물 속의 바위와 같아 우뚝 서서 두려워하지 않았으니, 모진 자도 청렴하게 하고 나약한 자도 의지를 세우게 하는 풍도가 있었다. 그러니 옛날 성지청자(聖之淸者)[27]에 비교해도 못하지 않을 것이다.

○ 後又被召命 嘗出門 幡然還臥林泉 其爲志節 砥柱橫流 獨立不懼 廉頑立懦之風 其不讓於古聖之淸者矣

17. 몸소 보고 들은 바를 어리석은 사람이 거칠게 기록한다.

○ 愚粗記身所見聞者也

---

27 성지청자(聖之淸者): 맹자가 백이·숙제를 옛날의 성인 중에서 청렴함을 대표하는 사람이라고 하여 '성지청자'라고 하였다.

제4부

김우옹金宇顒의

남명선생언행록

남명선생언행록[•]
南冥先生言行錄

1. 선생께서는 중종조에 이림(李霖)¹ · 이언적(李彦迪)²의 천거로
   헌릉 참봉(獻陵參奉)³에 제수되셨다.
○ 中廟朝 用李霖李彦迪薦 除獻陵參奉

• 이 자료는 김우옹(金宇顒, 1540~1603)의 『동강집(東岡集)』 권17에 수록되어 있
  다. 김우옹의 자는 숙부(肅夫), 호는 동강(東岡), 본관은 의성이다. 삼척 부사를 지
  낸 김희삼(金希參)의 아들로 성주에서 출생하였다. 남명에게 수학하였으며, 남명
  의 외손녀와 결혼하였다. 1567년 문과에 급제하여 대사성과 대사간을 역임하고
  전라도 관찰사를 지냈다. 1589년 기축옥사 때 남명의 문인이라는 이유로 유배되
  었다가 임진왜란 때 풀려나 병조 참판을 역임하였다. 1597년 예조 참판을 지낸 뒤
  1599년 병으로 사직하고 청주에 은거하다가 그곳에서 별세하였다.
1 이림(李霖): 1495~1546. 자는 중망(仲望)이며, 본관은 함안이다. 1524년 문과에
  급제하여 대사간 등을 지냈다. 을사사화 때 윤원형 일파의 모함을 받아 유배되었
  다가 이듬해 사사되었다. 조식이 한양에서 생활하던 젊은 시절에 사귄 벗이다.
2 이언적(李彦迪): 1491~1553. 자는 복고(復古), 호는 회재(晦齋), 본관은 여주이다.
  1514년 문과에 급제하여 좌찬성에 이르렀다. 1547년 양재역 벽서사건에 연루되
  어 강계로 유배되었다가 그곳에서 세상을 떠났다.
3 헌릉 참봉(獻陵參奉): 헌릉은 조선 태종과 원경왕후(元敬王后)의 능호이며, 참봉은
  종9품직이다.

2. 계해년(1563) 내가 처음 문하에 나아가 배알하니, 선생께서 차고 계시던 주머니 속의 방울을 꺼내 주시면서 말씀하시기를 "이 물건이 성성자(惺惺子)일세. 맑은소리가 사람을 경책하고 성찰하게 하니, 차고 다니면 매우 아름다운 줄 알게 될 걸세. 내가 귀중한 보물을 너에게 주니, 너는 이 물건을 잘 보존할 수 있겠는가?"라고 하셨다.

또 말씀하시기를 "이 물건을 허리춤에 차고 다니면 움직일 때마다 경계하고 질책할 것이니 매우 경외할 만하네. 너는 경계하고 두려워하여 이 쇠 방울에 죄를 짓지 말아야 할 것이다."라고 하셨다. 내가 여쭙기를 "이 물건은 옛날 사람이 옥을 허리춤에 차고 다니던 의미가 아닙니까?"라고 하니, 선생께서 말씀하시기를 "참으로 그렇네. 그러나 이 의미가 매우 절실하니 단지 옥을 차고 다니는 데서 그칠 뿐만이 아니네."라고 하셨다.

○ 癸亥歲 宇顒初拜門下 先生出所佩囊中鈴子以贈曰 此物惺惺子清響解警省人 佩之覺甚佳 吾以重寶與汝 汝其堪保此否 又曰 此物在汝衣帶間 凡有動作 規警誚責 甚可敬畏 汝其戒懼 無得罪於此子也 問莫是古人佩玉意否 先生曰 固是 抑此意甚切 不止於佩玉也

3. 내가 일찍이 가르침을 청하자, 선생은 '뇌천(雷天)' 두 글자를 써서 주셨다. 이는 대체로 『주역』 「대장괘(大壯卦)」의 뜻[4]이다.

○ 宇顒嘗請敎 先生寫雷天二字與之 蓋大
　壯之義

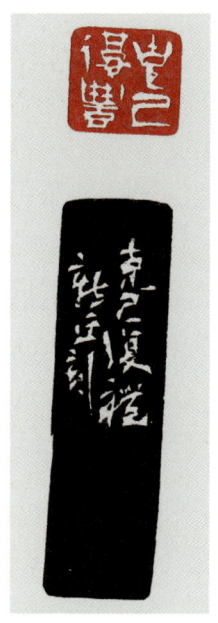

극기복례 윤효석 作

4. 선생께서 고인의 말[5]을 거론하며 나를
　가르치시기를 "자신을 실천하는 초기에
　는 마땅히 금과 옥을 다루듯이 소중히
　하여 미세한 먼지 같은 더러운 것도 받
　아들여서는 안 되네."라고 하셨다.
○ 先生擧古語誨宇顒曰 行己之初 當如金
　玉 不受微塵之汚

5. 또 말씀하시기를 "대장부의 행동거지는
　태산처럼 무겁고 만 길의 절벽처럼 우
　뚝해야 하며, 때가 이르러 뜻을 펼치게 되면 허다한 사업을 해

4　대장괘(大壯卦)의 뜻: 『주역』 「대장괘(大壯卦) 상전(象傳)」에 "우레가 하늘 위
　에 있는 괘가 대장괘이니, 군자는 이 괘의 상을 보고서 예가 아니면 행하지 않는
　다.[雷在天上 大壯 君子 以 非禮弗履]"라고 하였다. '예가 아니면 행하지 않는다.'라
　는 것은 『논어』 「안연」에 보이는 "예가 아니면 보지 말고, 예가 아니면 듣지 말고,
　예가 아니면 행하지 말고, 예가 아니면 움직이지 않는다."라는 것으로, 극기복례
　를 실천하는 조목이다. 즉 「대장괘」의 장대한 기상으로 극기복례를 실천한다는
　의미이다.
5　고인의 말: 송나라 때 명신 한기(韓琦, 1008~1075)의 말을 가리킨다. 한기는 "처
　음 자신을 실천하는 것을 배울 적에는 마땅히 금과 옥처럼 하여 미세한 티끌의 더
　러움도 받아들여서는 안 된다."라고 하였다. (『송명신언행록(宋名臣言行錄)』)

내야 한다. 비유하자면 3만 근[6]이나 되는 큰 쇠뇌가 한 번 화살을 쏘면 만 겹이나 되는 두터운 성벽을 능히 부수는 것과 같으니, 참으로 큰 쇠뇌는 작은 쥐새끼를 잡기 위해 화살을 쏘지 않는다.”라고 하셨다.

○ 又曰 丈夫動止 重如山岳 壁立萬仞 時至而伸 方做出許多事業 譬之 千鈞之弩一發 能碎萬重堅壁 固不爲鼷鼠發也

6. 또 말씀하시기를 “타고난 기질이 깊이 가라앉아 소극적인 사람은 모름지기 강건함으로 다스리며 일을 주선해야 한다.[7] 천지의 기운은 강건하기 때문에 어떤 일이든지 가리지 않고 모두 뚫고 나갈 수 있다. 그대는 역량이 얕으니 모름지기 남이 한 번에 능히 하면 자신은 백 번을 해서라도 능하게 하고 남이 열 번에 능히 하면 자신은 천 번을 해서라도 능하게 하는 공부[8]를 해야 거의 그런 경지에 이를 수 있다.”라고 하셨다.

○ 又曰 沈潛底人 須剛克做事 天地之氣剛 故不論甚事 皆透過 公力量淺薄 須做人一己百人十己千底工夫 庶可耳

---

6 3만 근: 원문의 ‘천균(千鈞)’은 3만 근의 무게로 매우 무겁거나 큰 것을 의미한다.

7 타고난……한다: 『서경』「홍범(洪範)」에 “침잠한 사람은 강건함으로써 다스리고 [沈潛剛克]”라고 하였다.

8 남이……공부: 『중용장구』 제20장에 “남이 한 번에 어떤 일을 능히 하는데 나는 안 될 경우 백 번이라도 해서 잘할 수 있도록 하며, 남이 열 번 만에 어떤 일을 능히 하는데 나는 안 될 경우 천 번이라도 해서 잘할 수 있도록 한다.[人一能之 己百之 人十能之 己千之]”라고 하였다.

7. 선생께서 나와 정구(鄭逑)[9]에게 일러 말씀하시기를 "이 세상에서 제일로 통과하기 어려운 철통 관문이 바로 화류관(花柳關)[10]이다. 너희들은 이 관문을 뚫고 지나갈 수 있겠는가?"라고 하시고서, 우스갯소리로 "이 관문은 능히 쇠나 돌도 녹일 수 있다. 너희들이 평소 마음을 붙잡고 지키는 바로는 이 관문에 이르면 눈 녹듯이 사라져 흔적도 없을 것이다."라고 하셨다.

○ 謂宇顒述曰 天下第一鐵門關 是花柳關也 汝等能透此關否 因戲言此關能銷鑠金石 汝輩平日所操 到此 想應消散無餘矣

8. 선생께서 나에게 일러 말씀하시기를 "나에게는 평생 하나의 장점이 있으니, 죽을지라도 구차하게 남을 따르려 하지 않은 것이다. 너는 이를 잘 기억하길 바란다."라고 하셨다.

○ 謂宇顒曰 吾平生有一長處 抵死不肯苟從 汝尙識之

9. 선생께서 나와 정구에게 말씀하시기를 "너희들이 출처(出處)에 대해 대략 소견이 있는 것을 나는 마음속으로 인정한다. 사

---

9   정구(鄭逑): 1543~1620. 자는 도가(道可), 호는 한강(寒岡), 본관은 청주이다. 성주 출신으로 어려서 오건에게 배우고, 후에 조식과 이황의 문하에 나아가 배웠다.
10   화류관(花柳關): 화류(花柳)는 꽃과 버들로 꽃처럼 어여쁘고 버들처럼 하늘거리는 예쁘게 단장한 기녀를 가리킨다. 화류관은 예쁜 여인의 유혹에 넘어가느냐 뿌리치느냐 하는 경계를 뜻하는 말로, 성욕을 참고 극복하기가 어렵다는 뜻이다. 즉 쇠나 돌처럼 단단한 의지력이 있어도 성욕을 극복하기가 어렵다는 뜻으로 말한 것이다.

군자(士君子)의 큰 절개는 오직 출처 한 가지 일에 달려 있을 따름이다."라고 하셨다.

○ 又語宇顒逑曰 汝等於出處 粗有見處 吾心許也 士君子大節 惟在出處一事而已

10. 거처하시는 서실에 모두 단청을 칠하였는데, 이는 밝고 깨끗함을 취하신 것이다. 내가 일찍이 여쭙기를 "단청은 빈한한 선비가 마땅히 할 바는 아닌 듯합니다. 굳이 이렇게 단청을 칠하지 않기를 바랍니다."라고 하자, 선생께서 농담으로 말씀하시기를 "나는 부귀의 기상이 있으니, 너처럼 고달프고 담박한 모양새는 아니다."라고 하셨다.

○ 所居書室 皆施丹雘 取其明淨也 宇顒嘗問 丹雘 恐非寒士所宜 願不必如此 先生戲云 吾却有富貴氣 不似爾苦淡模樣也

11. 또 선생께서 문인 정인홍(鄭仁弘)[11]에게 답하신 편지에 "지금이 어떤 때이며, 어떤 지경인가? 허위를 일삼는 무리[12]는 모두 당나귀 가죽에 기린의 모형을 뒤집어씌운[13] 사람들이네. 이런

---

11 정인홍(鄭仁弘): 1536~1623. 자는 덕원(德遠), 호는 내암(來庵), 본관은 서산이다. 합천 야로 출신으로 남명의 문인이다. 천거에 의해 벼슬길에 나아가 영의정에 올랐으며, 광해군 때 대북 정권의 영수로 활동하였다. 1623년 서인이 일으킨 계해정변 때 강상죄로 처형되었다.

12 허위를……무리: 윤원형(尹元衡)·이기(李芑) 등을 가리키는 듯하다.

13 당나귀……뒤집어씌운: '당나귀 가죽에 기린의 모형을 뒤집어씌웠다'는 것은 내

때에 버젓이 현자의 자리를 함부로 차지하고서 종장(宗匠)[14] 인양 행동하는 것이 옳겠는가? 기자(箕子)[15]가 거짓으로 미치광이 짓을 한 것은 상(商)나라[16]의 흥망에 관계된 것이 아니고, 자신이 명이(明夷)[17]에 처해 성현으로 자처하지 않으려 한 것이네. 근래 한훤당(寒暄堂)[18]과 효직(孝直)[19]도 모두 선견지명이 부족하였는데, 하물며 나와 같은 사람이야 말해 무엇하겠는

실 없이 외형만 화려하게 꾸미는 것을 말한 것이다.

14 종장(宗匠): '우두머리'라는 말로, 도덕과 학식이 뛰어나 당대를 대표할 만한 학자라는 의미이다.

15 기자(箕子) :은(殷)나라 말 주왕(紂王)의 숙부로서 태사(太師)로 있으면서 주왕에게 간언하였는데 받아들여지지 않자, 거짓으로 미치광이 짓을 하여 옥에 갇힌 현인이다.

16 상(商)나라: 하(夏)나라 폭군 걸왕(桀王)을 물리치고 탕(湯)이 세운 나라이다. 말기에 은(殷)나라로 국호를 바꾸었다.

17 명이(明夷):『주역』「명이괘(明夷卦)」를 가리킨다. 「명이괘」는 혼매한 임금이 위에 있어 현자가 소인의 참소를 받고 고난을 겪는 것을 형상한 괘이다. 「명이괘 육오효(六五爻) 효사(爻辭)」에 "기자의 명이이니, 곧게 함이 이롭다.[箕子之明夷 利貞]"라고 하였다. '기자의 명이'는 기자가 주왕의 학정을 간하다 듣지 않자, 머리를 풀어 헤치고 미친 척하며 노비가 되어 화를 면한 일을 가리킨다. 조식은 문인들에게 '지금은 출사해서는 안 되는 시대'라는 점을 강조하기 위해 이 말을 자주 하였다.

18 한훤당(寒暄堂): 김굉필(金宏弼, 1454~1504)의 호이다.

19 효직(孝直): 조광조(趙光祖, 1482~1519)의 자(字)이다. 호는 정암(靜庵), 본관은 한양이다. 평안도 희천에 유배된 김굉필(金宏弼)에게 배웠다. 1510년 진사시에 합격한 뒤 성균관에 들어가 공부하였다. 1515년 천거로 벼슬길에 나아갔으며, 그해 문과에 급제하여 예조 좌랑 등을 역임하였다. 중종의 신임을 받고 도학정치(道學政治)를 펼쳤으며, 현량과를 설치하여 신진사류를 정계에 진출시켰다. 1519년 대사헌으로서 중종반정을 일으킨 공신의 녹권을 삭탈하려고 하다가 훈구세력의 반대에 부딪혔고, 그해 홍경주(洪景舟)·심정(深貞)·남곤(南袞) 등 훈구세력이 기묘사화를 일으켜 능주(綾州)로 유배되었다가 처형되었다.

가. 나는 세상 사람들 속에 뒤섞여 살면서 술을 퍼마시는 사람과 다름이 없고자 하네. 그러나 또한 어찌 시끄럽게 떠들며 호기를 부리며 남을 아랑곳하지 않는 사람처럼 하겠는가. 지금 나는 단지 내 자신을 스스로 지킬 뿐, 막중한 명성을 얻은 데에서 멀리 달아나고자 하네. 이 늙은이가 소견이 없어서 그러는 것이 아닐세."라고 하셨다.

○ 又答門人仁弘書曰 此何等時也 何等地也 虛僞之徒 盡是麟楦於此 而儼然冒處賢者之位 若宗匠然 可乎 箕子之佯狂 非關商室之興亡 身處明夷 欲不以聖賢自居也 近日之寒暄孝直 皆不足於先見之明 況如我者乎 吾欲渾渾處世 無異於杯酒間人也 亦何叫呶使氣 若忘物者然乎 今吾只是自守其身 邁邁逃走重名之下耳 老夫非無所見而然也

12. 선생께서는 해학(海鶴)[20]을 기르길 좋아하셨다. 일찍이 읊으신 한 구절에 "한 쌍의 학이 나와 함께 세 식구 되었는데, 세 봉우리 산이 집 주위에 있어 사방으로 이웃이 되었네."라고 하셨다.

○ 好養海鶴 嘗有一詠曰 雙鶴身同三作口 三山家在四爲隣

13. 선생께서는 사람을 사랑하고 선비를 좋아하며, 자신을 드러내는 것을 일삼지 않으셨다. 허심탄회하게 마음을 열고 남을

---

20 해학(海鶴): 바닷가에 사는 학을 뜻한다. 학은 신선이 사는 곳에 서식하는 상서로운 새로, 속세의 티끌이 묻지 않은 깨끗한 이미지를 상징한다.

대하되 한결같이 전부터 알고 지낸 사람처럼 보셨다. 호걸스러운 기상은 견줄 사람이 없었고, 일을 논의하시는 말씀은 늠름하여 사림에 본보기가 되셨다. 비루한 사람이나 무지한 사람도 모두 남명 선생이 계신 줄 알았으며, 학사(學士)와 벼슬아치로서 선생을 아는 사람이건 알지 못하는 사람이건 선생을 일컫는 사람들은 반드시 '가을철 된서리와 한여름 작열하는 햇볕[秋霜烈日]'처럼 매섭다고 말하였다.

○ 愛人好士 不事表襮 開心坦懷 一見如舊 豪氣絶倫 議論凜然 儀表士林 至於鄙夫野人 皆知有南冥先生 而學士大夫識與不識 稱先生者 必曰秋霜烈日云

14. 일찍이 자굴산(闍崛山)[21]의 명경대(明鏡臺)[22]를 사랑하여 그곳을 왕래하며 그 아래 암자에 기거하신 것이 여러 해나 되었다. 항상 문을 닫고 홀로 앉아 새벽까지 서책을 보았으며, 하루해가 저물 때까지 고요하였다. 암자에 살던 어떤 승려가 말하기를 "선생이 거처하시는 방은 온종일 적막하여 아무 소리도 들리지 않았다. 다만 가끔 손가락으로 책상을 두드리며 글을 읽는 작은 소리가 들릴 뿐이었다. 그래서 선생이 아직 독서하시는 줄 알았다."라고 하였다.

---

21 자굴산(闍崛山): 의령의 주산(主山)으로 의령읍 서북쪽에 위치하며 해발 897미터이다.
22 명경대(明鏡臺): 자굴산 정상에서 남쪽 가례면 방향으로 뻗은 능선 아래 우뚝한

○ 嘗愛闍崛山之明鏡臺 往來棲息者 累年 常關門獨坐 看書達曉
靜嘿終暑 有寺僧言其所處之室 終日寂然無聲 但時聞以手指抵
書案微有聲 因知其尙讀書也

15. 선생께서는 비유하는 데 장점이 있어 사물을 끌어다가 유형
별로 연관시켰는데, 명쾌하여 범상치 않으셨다. 또한 선생의
말에는 영특한 기상이 크게 드러난 점이 있었는데, 익살스런
농담과 풍자하는 말을 섞어서 하셨다.
○ 長於譬論 引物連類 明爽不凡 亦有英氣太露處 雜以諧謔嘲諷
之言

16. 선생께서는 집안 살림이 빈한하였으나 재물을 가벼이 여기고
남에게 베풀기를 좋아하였으며, 형제·자매와 우애가 돈독하
고 지극하셨다. 집안의 재산을 분배할 적에 선생은 선조의 제
사를 받든다는 이유로 한양 장의동(藏義洞)에 있던 집[23]을 물
려받으셨다. 그런데 김해 바닷가에 거처하면서 자형 이공량
(李公亮)에게 그 집을 주었는데, 이공량은 집값을 시세대로 계

절벽의 이름이다. 명경대 밑에 작은 암자가 있어서 조식이 그곳에 가서 독서하였
다. 자굴산 명경대에서 서쪽으로 조식의 집이 있던 삼가현 외토리까지는 약 10km
정도 된다.

23 한양……집: 한양 장의동의 집은 부친 조언형(曺彦亨)이 살던 집이다. 조식은 둘째
아들로 태어났으나 맏형이 일찍 죽어 봉사손이 되었다. 장의동은 현 서울시 종로
구 청운동 지역이다.

산해서 주었다. 선생은 그 집값을 받아 가난한 아우와 누이에게 나누어 주고서 털끝만큼도 자신이 취하지 않으셨다. 또 삼가현 토동(兎洞: 외토리)에 있던 전답과 재산을 모두 아우 조환(曹桓)²⁴에게 주었다. 선생께서 처음 덕산으로 들어오셨을 적에는 송곳을 꽂을 만한 조금의 땅도 없어서 아우와 누이에게 의복과 음식을 의지하여 살았는데, 또한 태연히 마음에 두지 않으셨다.

○ 家貧 輕財好施 兄姊弟妹 友愛篤至 分家産時 先生以承祀受京中藏義洞家舍 及居海上 以與姊夫李公亮 公亮以眞歸之 受而頒諸弟妹之貧者 一毫不自取 又盡以兎洞田産與弟桓 迨其始還 無立錐之地 資衣食於弟妹 亦曠然不以爲意也

17. 청송(聽松) 성 선생(成先生)²⁵【이름은 수침(守琛), 자는 중옥(仲玉)이다.】, 대곡(大谷) 성 선생(成先生)²⁶【이름은 운(運), 자는 건

---

24 조환(曹桓): ?~? 자는 익중(翊仲)이며, 본관은 창녕이다. 조식의 아우로 삼가현에 살았다.

25 성 선생(成先生): 성수침(成守琛, 1493~1564)으로, 자는 중옥(仲玉), 호는 청송, 본관은 창녕이다. 조광조의 문인이며, 성혼(成渾)의 부친이다. 기묘사화 이후 우계(牛溪)에 은거하며 두문불출하였다. 조식이 한양에 살 적에 교유한 인물로, 출처에 대해 영향을 받은 것으로 보인다. 『남명집』에 성수침에게 답한 편지가 3통 있고, 차운해 지은 4언 고풍의 「봉상중옥장(奉上仲玉丈)」이라는 시가 있다.

26 성 선생(成先生): 성운(成運, 1497~1579)으로, 자는 건숙(健叔), 호는 대곡, 본관은 창녕이다. 한양에서 조식과 이웃해 살면서 벗이 되어 평생 절친하게 지냈다. 중년 이후 보은으로 이거하여 은거하였으며, 조식처럼 여러 차례 관직에 제수되었지만 나아가지 않았다. 1557년 조식이 보은으로 가서 성운을 만났다.

숙(健叔)이다.】, 동주(東洲) 성 선생(成先生)²⁷【이름은 제원(悌元), 자는 자경(子敬)이다.】, 황강(黃江) 이 선생(李先生)²⁸【이름은 희안(希顔), 자는 우옹(愚翁)이다.】, 송계(松溪) 신 선생(申先生)²⁹【이름은 계성(季誠), 자는 자함(子諴)이다.】 같은 한 시대의 명사들이 모두 선생의 지기(知己)의 벗이었다. 성 참봉(成參奉)³⁰【이름은 우(遇), 자는 중려(仲慮)이다.】과 곽 사간(郭司諫)³¹【이름은 순(珣), 자는 백유(伯瑜)이다.】은 교분이 또한 두터웠는데, 이 두 사람은 을사사화에 죽임을 당하였다. 그들을 생각할 때마다 선생께서는 눈물을 떨구지 않은 적이 없으셨

---

27 성 선생(成先生): 성제원(成悌元, 1506~1559)으로, 자는 자경(子敬), 호는 동주, 본관은 창녕이다. 공주 출신으로 천거에 의해 보은 현감을 지냈다. 1557년 조식이 보은으로 성운을 만나러 가서 함께 벗하였다. 1558년 8월 성제원이 보은 현감의 임기를 마치고 해인사로 가서 조식을 만났다.

28 이 선생(李先生): 이희안(李希顔, 1504~1559)으로, 자는 우옹(愚翁), 호는 황강, 본관은 합천이다. 14세에 사마시에 합격하였으며, 1553년 유일로 천거되어 고령 현감을 지냈다.

29 신 선생(申先生): 신계성(申季誠, 1499~1562)으로, 자는 자함(子諴), 호는 송계, 본관은 평산이다. 박영(朴英)에게 배웠으며, 조식과 교유하였다. 조식이 지은 그의 묘표가 『남명집』에 전한다.

30 성 참봉(成參奉): 성우(成遇, 1495~1546)로, 자는 중려(仲慮), 본관은 창녕이다. 성운(成運)의 중형으로 을사사화 때 화를 당하였다. 『남명집』 권2의 「제성중려소증동국사략후(題成中慮所贈東國史略後)」에는 자를 모두 '중려(中慮)'라고 썼는데, 「유두류록(遊頭流錄)」에는 '중려(仲慮)'로 썼다. '중려(中慮)'는 '중려(仲慮)'의 오자인 듯하다.

31 곽 사간(郭司諫): 곽순(郭珣, 1502~1545)으로, 자는 백유(伯瑜), 호는 경재(警齋), 본관은 현풍이다. 1528년 문과에 급제하여 사간원 사간 등을 지냈다. 을사사화 때 장살 당하였다. 조식이 한양에서 생활할 때 사귄 벗이다.

다. 남과 대화하다 말이 이들에 미치면 반드시 오열하며 목이 메었고, 죽을 때까지 잊지 못하셨다.

삼족당(三足堂) 김 선생(金先生)[32]【이름은 대유(大有), 자는 천우(天祐)이다.】과는 도의(道義)로 교유함이 가장 깊었는데, 일찍이 그를 '천하의 선비'라고 인정하셨다. 삼족당이 세상을 떠나려 할 때 선생께서 그를 보러 가셨다. 삼족당은 선생이 궁핍한 것을 염려하여 여러 아들에게 '해마다 약간의 곡식을 보내라'고 유언하였다. 선생께서는 받지 않고 다음과 같은 시를 지어 돌려보내셨다.

사마광(司馬光)[33]이 보낸 옷조차 받지 않았으니,
그 사람이 바로 옛날 유도원(劉道原)[34]이라네.

---

32 김 선생(金先生): 김대유(金大有, 1479~1551)로, 자는 천우(天祐), 호는 삼족당, 본관은 김해이다. 청도 출신으로 1519년 현량과에 급제한 뒤 칠원 현감 등을 지냈다. 김일손의 조카로 조광조·조식 등과 교유하였다.

33 사마광(司馬光): 1019~1086. 북송 때의 학자이자 정치가로 자는 군실(君實)이며, 온국공(溫國公)에 봉해져서 사마온공(司馬溫公)이라 불렸다. 중국의 대표적인 편년체 역사서인 『자치통감(資治通鑑)』을 저술하였다.

34 유도원(劉道原): 유도원은 북송 때 학자 유서(劉恕, 1032~1078)로, 도원은 그의 자이다. 벼슬은 비서승에 이르렀다. 사학(史學)을 매우 좋아하였는데, 사마광이 『자치통감』을 저술하다가 어려운 곳을 만나면 그에게 맡겨 처리하였다고 한다. 집이 매우 가난하여 겨울에도 추위를 막을 의복이 없었다. 그가 사직하고 남쪽으로 갈 때 사마광이 옷 몇 벌을 주었는데, 사양하고 받지 않았다. 사마광이 굳이 건네주자, 받아서 가다가 영주(潁州)에 이르러서 돌려보냈다. 자신을 알아준 사마광이 선물한 옷도 받지 않았으니, 그가 어떻게 처신했는지는 미루어 알 수 있다.

그러므로 호강후(胡康侯)³⁵와 같은 사람은
죽을 때까지 가난을 입 밖에 내지 않았네.³⁶

선생께서는 사양하고 받는 것을 이처럼 구차하게 하지 않으
셨다. 선군자(先君子)³⁷께서 평소 선생을 공경하고 중히 여기
셨다. 일찍이 사명을 받들고서 영남을 순찰할 적에 삼가현 토
동으로 은거한 고사(高士)를 방문하여 시를 지어 증정하셨는
데, 그 시에 "고인은 정좌(靜坐)³⁸를 좋아하였는데, 내 오늘 그
런 군자를 보았네."라고 하였다.

○ 一時名士如聽松成先生【守琛 仲玉】大谷成先生【運 健叔】東洲
成先生【悌元 子敬】黃江李先生【希顔 愚翁】松溪申先生【季誠
子誠】皆爲知己友 成參奉【遇 仲慮】郭司諫【珣 伯瑜】交契亦厚

---

35 호강후(胡康侯): 북송 때 학자 호안국(胡安國, 1074~1138)으로, 강후는 그의 자이
며, 호는 무이(武夷)이다. 정이(程頤)를 사숙하였으며, 사량좌(謝良佐)·양시(楊時)
등 정자의 문인들과 교유하였다. 『춘추』를 깊이 연구하여 『춘추호씨전(春秋胡氏
傳)』을 지었다. 가난하여 의식주도 해결하기 어려울 정도였으나, '죽고 사는 것은
명이 있다'고 하면서 개의치 않았다.
36 이 시구는 『남명집』 권1 「사삼족당유명세견지속(辭三足堂遺命歲遣之粟)」에 보인다.
37 선군자(先君子): 김우옹의 부친 김희삼(金希參, 1507~1560)을 말한다. 자는 사로
(師魯), 호는 칠봉, 본관은 의성이다. 조식과 도의로 교유하였다. 1531년 문과에 급
제하여 병조 좌랑, 삼척 부사 등을 역임하였다. 김희상이 별세하였을 때 조식이 지
은 만시가 전한다.
38 정좌(靜坐): 예전의 유학자들이 반듯한 자세로 고요히 앉아 호흡하며 명상하던 공
부이다. 밖으로 치달리는 마음을 거두어 가다듬는 마음공부로, 경(敬)을 위주로
하였다.

二人死於乙巳 每念之 未嘗不流涕 與人語及 必嗚咽哽塞 至死
不忘 與三足金先生【大有 天祐】交道最深 嘗以天下士許之 其
卒也 先生視之 三足念先生貧乏 遺令諸子 歲遺之粟若干 先生
不受 以詩復之曰 於光亦不受 此人劉道原 所以胡康侯 至死貧
不言 其辭受之不苟如此 先君子雅敬重先生 嘗奉使嶺表 訪高
隱於兎洞 贈之以詩曰 古人好靜坐 今日見夫君

18. 선생께서는 혼례(婚禮)·상례(喪禮)·장례(葬禮)·제례(祭禮)는
모두 『가례(家禮)』[39]를 대략 본받되 그 대의만을 취하고, 그 세
세한 조항은 모두 그에 합치되게 하기를 구하지 않으셨다. 선
생께서 어버이의 상례를 집행할 적에는 삼 년 동안 곡하고 울
며 상복을 벗은 적이 없었고, 발걸음이 여막을 벗어난 적이 없
으셨다. 혼례에 있어서 우리나라 풍속에 신부의 집에서 초례
(醮禮)를 행하는데, 친영(親迎) 하는 절차를 행할 수 없을 경우
에는 단지 신랑과 신부로 하여금 대청마루에서 마주보고 교
배례(交拜禮)를 행하게 하셨다. 이는 대체로 이렇게 함으로써
옛날의 예를 회복하는 점진적인 방법으로 삼으신 것이다. 또
혼례와 상례에 세속에서 과일을 높이 괴는 것을 따르지 않으
셨다. 한 시대 사대부의 집안에서 이에 교화된 사람들이 많이

---

39 가례(家禮): 송나라 때 주희가 만든 가정의 의례를 명나라 때 구준(丘濬)이 수집하
여 만든 『주자가례(朱子家禮)』를 가리킨다.

있었으며, 풍속도 그로 인하여 조금 변하였다.

○ 婚姻喪葬祭祀之禮 皆略倣家禮 取其大意 其節文 不求盡合 其
執親之喪 哭泣三年 身不脫衰 足不出廬 於婚禮 則以國俗行禮
於婦氏 不得行親迎一節 只令壻婦相見於廳事 行交拜之禮 蓋
以是爲復古之漸也 又於婚喪 不從俗設高排果床 一時士夫之家
多有化之者 而風俗亦爲之少變矣

19. 선생께서는 젊었을 적에 크게 분발하여 문장가가 되려는 학
    업을 닦았는데, 유종원(柳宗元)[40]의 글을 가장 즐겨 읽으며 힘
    써 존모하며 본받으셨다. 비록 뜻을 굽히고 과거 시험장에 나
    아갔으나, 우리나라 사람들의 속된 문자를 잠시도 보려 하지
    않으셨다.
    선생께서 시를 지으실 적에는 또한 고시(古詩)의 풍격을 사모
    하며 의상(意想)을 고달프게 하셨다. 만년에 스스로 말씀하시
    기를 "나는 고문(古文)[41]을 배웠으나 완성하지 못하였고, 퇴계

---

40 유종원(柳宗元): 773~819. 자는 자후(子厚)로, 당(唐)나라 정치가이자 문장가이
    다. 한유(韓愈, 768~824)와 함께 고문운동(古文運動)을 제창하여 기교와 수식을
    배제하고 내용을 중시하였다. 영주(永州) 유배기에 산수유기(山水遊記)를 많이 남
    겨 후대 기문(記文)으로 유명해졌다. 당송팔가(唐宋八家)의 한 사람이다.

41 고문(古文): 당나라 때 한유·유종원이 화려한 형식미만을 추구하는 당시의 문장을
    배격하고 선진(先秦)·양한(兩漢)의 도가 있고 박실한 문장을 본받자고 하여 생긴
    명칭이다. 조선시대 문장가들은 선진고문·양한고문·당송고문 등으로 고문을 다
    시 나누었는데, 당송고문도 당나라 때 한유·유종원의 고문은 선진·양한의 고문으
    로 분류하고, 송나라의 고문은 금문(今文)으로 보는 시각이 있었다.

(退溪)[42]의 문장은 본래 금문(今文)[43]이지만 도리어 완성하여 익숙하였다. 비유하자면 나는 화려한 비단을 짰는데 천을 완성하지 못하여 세상에 쓰이기가 어렵고, 퇴계는 소박한 명주를 짜서 천을 완성하여 세상에 쓰일 수 있는 격이다."라고 하셨다.

선생께서 큰 글자를 쓰시면 자못 필체가 굳세었는데, 설암(雪庵)[44]의 『병위삼첩(兵衛森帖)』[45]을 본받으신 것이다. 그러나 또한 일찍이 글씨에 전념하지 않았으며, 스스로 말씀하시기를 "나는 서체를 완성하지 못했다."라고 하셨다.

---

42 퇴계(退溪): 이황(李滉, 1501~1570)의 호이다. 자는 경호(景浩), 본관은 진보(眞寶)이다. 1534년 문과에 급제하여 성균관 대사성 등을 지냈다. 을사사화 이후 관직을 사퇴하고 고향으로 돌아가려 하였으나 뜻대로 되지 않자 외직을 청하여 풍기 군수 등을 지냈다. 조식과는 편지를 주고받으며 정신적으로 교유하였다.

43 금문(今文): 지금 시대의 문장이라는 뜻으로, 고문과 상대적으로 일컫는 말이다. 당나라 때 고문운동이 일어남으로써 당대의 화려한 형식미만을 추구하는 문장을 금문이라고 하였다. 조식이 '금문'이라고 한 것은 송나라 때의 문장을 본받아 지은 당시 유행하던 문장을 말한다.

44 설암(雪庵): 1264~1307. 원(元)나라 때 승려로 법명은 부광(溥光), 속성은 이씨(李氏), 자는 현휘(玄暉)이다. 그의 대표적인 대자(大字) 해서를 흔히 '설암체'로 일컬었으며, 조선의 편액서(扁額書)에 큰 영향을 끼쳤다. 명말청초의 학자 도종의(陶宗儀)는 설암에 대해 "글씨와 그림은 신품의 경지에 올랐고, 서법은 안진경(顏眞卿)과 유공권(柳公權)에서 나왔으며, 해서·행서·초서를 잘 썼다. 큰 글씨는 더욱 잘 썼는데, 조정의 편액은 모두 그의 글씨이다."라고 하였다. 그의 대자 해서는 흔히 액체(額體)라 불리면서 편액(扁額)에 널리 사용되었다. 조선 초에 이미 그의 『춘종첩(春種帖)』과 『병위삼첩(兵衛森帖)』 등이 국내에서 간행되었고, 세종대에는 『설암법첩(雪菴法帖)』을 관원들에게 나누어 주기도 하였다는 기록이 『세종실록』에 보인다.

45 병위삼첩(兵衛森帖): 원나라 때 승려 이설암(李雪庵)이 쓴 서법첩(書法帖)으로 조선 초에 간행되어 유통되었다.

○ 少時大奮業文章家 最喜讀柳文而力慕效之 雖俯就場屋 亦不肯
暫看東人俗下文字 其爲詩 亦刻意慕古 晚歲嘗自言 吾學古文
而不能成 退溪之文 本是今文 然却成熟 譬之 我織錦而未成匹
難於世用 退溪織絹成匹而可用也 寫大字 頗遒勁 效雪菴兵衛
森帖 然亦未嘗留意 自言其不成也

20. 선생께서 병인년(1566) 임금의 부름을 받았을 때 일재(一齋)[46]
등 여러 선생과 함께 도성에 계셨다. 일재는 스승의 도리로 자
처하며 후학을 만나 인도하여 그의 처소에 사람이 가득했다.
선생께서는 홀로 문을 닫고 자취를 숨겼으며, 혹 가르침을 구
하여 찾아오는 선비가 있으면 우스갯소리로 그에게 답하셨다.

○ 丙寅被召時 與一齋諸先生 并在都 一齋以師道自居 接引後學
門庭塡溢 先生獨杜門掃軌 士子或有求敎者至 以戱語答之

21. 도성에서 남쪽으로 돌아오신 뒤에 옥계(玉溪) 노진(盧禛)[47] 공

---

46 일재(一齋): 이항(李恒, 1499~1576)의 호이다. 자는 항지(恒之), 본관은 성주이다.
박영(朴英)에게 배웠으며, 전라도 태인에 은거하여 학문에 힘썼다. 백인걸(白仁
傑)이 이항의 학문은 조식에 견줄 만하다고 평하였다. 1566년 명경행수지사(明經
行修之士)로 뽑혀 벼슬길에 나아가 임천 군수 등을 지냈다. 김인후(金麟厚)·기대승
(奇大升)·안방준(安邦俊)·박광일(朴光一)과 함께 호남의 오학(五學)으로 꼽힌다.
47 노진(盧禛): 1518~1578. 자는 자응(子膺), 호는 옥계(玉溪), 본관은 풍천이다. 함양
출신으로 1546년 문과에 급제하여 이조 판서에 이르렀다. 조식을 종유하였으며,
김인후(金麟厚)·노수신(盧守愼)·오건(吳健)·강익(姜翼)·기대승(奇大升) 등과 교유
하였다.

이 편지로 급히 돌아가신 일을 묻자, 답서에 "내가 누차 임금의 은혜로운 소명(召命)을 받았으니, 예의상 한 차례 나아가 대궐에서 사은숙배하는 것이 마땅합니다. 도성에서 머뭇거리면 다시 무엇을 하고자 하겠습니까? 명공께서는 아침저녁으로 조정에 들어가시니, 만약 도를 행하는 일이 없으면서 오래 머물러 물러나지 않는다면 또한 구차하게 녹이나 받아먹는 것을 면치 못할 것입니다."라고 하셨다. 상경하였을 때 옥계의 집에서 숙식하셨다.

○ 南還後 玉溪盧公【禛】以書問其遽歸之事 報書曰 某累承恩命 禮宜一進拜闕 棲遲都下 更欲何爲耶 明公朝夕入朝 若無行道 之事 而久留不退 亦未免苟祿也 時玉溪家食

22. 신미년(1571) 11월 21일 선생께서 등창을 앓으셨다.

임신년(1572) 정월 질환이 심해지셨다. 문인들이 모시고 앉아 있을 적에 선생께서 말씀하시기를 "나는 학자가 아니다. 평생 협기(俠氣)가 많았다. 다만 학문의 힘으로 이를 구제했을 뿐이다. 도량이 좁고 재주가 작아서 큰일을 감당할 수 없을 듯하였다. 다만 사람을 사랑하고 선을 좋아하여 많은 인재를 얻어 여러 일을 각각 맡기고 싶었다. 내가 물러나길 구한 것은 재주가 없었기 때문이다."라고 하셨다.

○ 辛未十一月二十一日 先生患背疽 壬申正月 疾革 諸門人侍坐 先生曰 我非學者 平生多俠氣 但濟以學力耳 量狹而才小 似不

산천재

能當大事 但愛人好善 欲得許多人 各付許多事 我却要退坐 爲
其無才故也

23. 정월 14일 선생의 병환이 심해지셨다. 문생들이 나아가 "선생
께서 저희에게 마지막 가르침을 주시길 청합니다."라고 하니,
선생께서 말씀하시기를 "모든 의리는 그대들이 잘 알 것이다.
다만 독실하게 믿는 것이 귀중하다."라고 하셨다. 또 말씀하시
기를 "여러 벗이 여기에 있으니, 나의 죽음은 또한 영광스럽
다. 또한 아녀자가 슬피 우는 모습을 보지 않으니, 이 또한 크
게 유쾌한 일이다."라고 하셨다. 또 시사(時事)를 극론하며 비
분강개하여 주먹을 불끈 쥐셨는데, 마치 평상시의 모습과 같
았다.

○ 是月十四日 先生病甚 門生等進曰 請先生有以敎小子 先生曰
凡百義理 君輩所自知 但篤信爲貴 且曰 諸朋友在此 吾死亦榮
矣 且不見兒女悲啼之態 此是大段快樂事也 又極論時事 慷慨
扼腕 有如平日

24. 내가 청하기를 "만일 일이 잘못되면 마땅히 어떤 호칭으로 선
생을 불러야 하겠습니까?"라고 하니, 선생께서 말씀하시기를
"처사(處士)라고 쓰는 것이 옳다. 이는 내가 평생토록 지향한
것이다. 만약 이 '처사'라는 호칭을 쓰지 않고 벼슬을 일컫는
다면 이는 나를 버리는 짓이다."라고 하셨다. 김해에 있는 묘

갈명[48]에 '영인(令人)'[49]이라 칭한 것과 같은 경우는 아들 차석
(次石)[50]이 비석을 세웠기 때문에 그렇게 쓴 것이다.

○ 宇顯請曰 萬一不諱 當以何號稱先生乎 曰 用處士可也 此吾平
生之志 若不用此而稱爵 是棄我也 若金海墓碣稱令人者 以次
石所立故也

25. 정월 15일 아침. 선생께서 나를 불러 말씀하시기를 "내 오늘
은 정신이 전과 같지 않으니, 아마도 죽을 듯하다. 더 이상 약
을 들이지 말라."라고 하셨다. 내가 손으로 두 눈을 닦아드리
고 눈동자를 열어 살펴보니, 정기가 맑아 평소와 다름이 없으
셨다.
또 창문을 열게 하고 말씀하시기를 "날씨가 저렇게도 청명하
구나."라고 하셨다.
또 말씀하시기를 "벽에 써서 걸어놓은 경의(敬義) 두 자는 학
문을 하는 데 매우 절실하고 긴요하다. 운운. 학자는 공부하는
요점이 공부를 익숙히 하는 데 있다. 공부를 익숙하게 하면 한
물체도 가슴속에 남아있지 않을 것이다. 나는 그런 경지에 이

---

48 김해에 세운 묘갈명: 조식의 부인 남평 조씨(南平曺氏) 무덤의 묘갈문을 가리킨다.
49 인(令人): 문무관 4품직의 부인에게 내리는 봉작(封爵)이다. 즉 조식의 초취부인
    남평 조씨를 '영인'이라 일컬은 것을 말한다.
50 차석(次石): 조식의 후취 부인 은진 송씨(恩津宋氏)에게 낳은 맏아들 조차석(曺次
    石, 1552~?)으로, 자는 일회(一會)이다. 천거로 예안 현감 등을 지냈다. 1568년 남
    평 조씨가 별세했을 때 김해에 가서 장사를 치렀다.

르지 못하고 죽는구나."라고 하셨다.

또 말씀하시기를 "산천재에 나의 빈소를 차리는 것이 옳다."
라고 하셨다.

내가 동쪽으로 머리를 두어 생기를 받게 하자고 청하였더니,
선생께서 말씀하시기를 "동쪽으로 머리를 둔다고 어찌 생기
를 받을 수 있겠는가."라고 하셨다. 내가 두세 번 청하고 또 바
르게 생을 마치는 설을 말씀드리자, 선생께서 허락하고 말씀
하시기를 "군자가 남을 사랑할 적에도 예로써 해야 한다."라
고 하시고서 드디어 머리를 동쪽으로 두셨다.

○ 十五日朝 呼宇顒曰 吾今日精神異前 殆其死矣 其勿復進藥 以
手拭兩眼 開視眸子 精明無異平生 又令開窓曰 天日如許淸明
也 又曰 書壁敬義二字 極切要云云 學者要在用工熟 熟則無一
物在胸中 吾未到這境界以死矣 又曰 殯我於山天齋 可也 宇顒
請東首以受生氣 先生曰 東首 豈能受生氣 再三請之 且言正終
之說 先生許之曰 君子之愛人也以禮 遂東首

26. 이날 선생께서는 이미 약을 끊으셨고, 미음도 드시지 않으셨
다. 온종일 누워 계셨는데, 정신이 또렷하여 어지럽지 않으셨
다. 정인홍(鄭仁弘)[51]이 나아가 말씀드리기를 "약을 끊으시는

---

51 정인홍(鄭仁弘): 1536~1623. 자는 덕원(德遠), 호는 내암(來庵), 본관은 서산이다.
조식의 문인으로, 천거에 의해 벼슬길에 나아가 영의정에 올랐다. 대북 정권의 영
수로 1623년 계해정변 때 처형되었다.

남명 선생 묘소 사진 상단이 남명 선생의 묘

것은 참으로 말씀대로 따르겠습니다. 그러나 미음을 드시지
않는 것은 자연스러운 도리가 아닌 듯합니다."라고 하니, 선생
께서 미음을 조금 들이라고 하셨다. 그날 저녁에 조금 소생하
셨다. 다시 20여 일을 누워 계시다가 생을 마감하셨다. 선생께
서는 비록 중한 병환을 앓고 계셨지만, 한순간도 마음을 붙잡
고 보존하는 생각을 잊지 않으셨으니, 아마도 고인이 이른바
'숨이 아직 남아 있을 적에는 이 의지가 조금의 해이함도 용납
하지 않는다.'[52]라고 하는 경지일 것이다.

---

52   숨이……않는다: 이는 『논어집주』 「태백」 제7장 주자의 주에 보인다.

○ 是日 先生旣斷藥物 米飮不入口 終日沈臥 了了不亂 仁弘進曰
藥物之斷 固聞命矣 至於米飮不入口 恐非自然底道理 先生爲
進少許 日夕而稍蘇 更留連二十餘日而終 先生 雖在甚病之中
未嘗一刻忘操存之意 殆古人所謂一息尙存 此志不容少懈者也

제5부

『남명선생별집』의
붕우문인서술

붕우문인서술[•]
朋友門人敍述

【제문 중에서 또한 핵심적인 말을 부분적으로 취하여 함께 이곳에
붙여놓았다.】

【祭文中亦節取要語 竝附于此】

벗과 문인이 본 남명 선생의 모습

　1. 성대곡(成大谷)¹ 선생이 말씀하기를 "남명에 대해, 나는 항상

　•　이 자료는 1825년에 간행한 『남명선생별집』(1982, 아세아문화사 영인) 권2에 수
　　　록된 것이다. 「붕우문인서술」은 북송 정이(程頤)가 형 정호(程顥)의 문인과 벗들
　　　이 논평한 자료를 모아 만든 「명도선생문인붕우서술(明道先生門人朋友敍述)」을
　　　본떠 편찬한 글이다.
　1　성대곡(成大谷): 성운(成運, 1497~1579)이다. 자는 건숙(健叔), 호는 대곡, 본관은
　　　창녕이다. 한양에서 남명과 이웃해 살면서 벗이 되어 평생 절친하게 지냈다. 중년
　　　이후 보은으로 이거하여 은거하였으며, 남명처럼 여러 차례 관직에 제수되었지만
　　　나아가지 않았다. 1557년 남명이 보은으로 가서 성운을 만났다.

천상의 인물이라고 생각하여 존
경하고 우러르기를 한가로이 하
지 않았다."라고 하였다.[2]

○ 成大谷先生曰 南冥 吾常以爲天
上人物 尊仰之不暇

남명 윤효석 作

2. 성대곡 선생이 또 말씀하기를 "이
사람은 내가 감히 더불어 벗할 사람이 아닌지라, 태산처럼 우
러렀고 엄한 스승처럼 공경하였다."라고 하였다.[3]

○ 又曰 斯人 吾不敢與之爲友 仰之若喬嶽 敬之如嚴師

3. 성대곡 선생이 또 말씀하기를 "공은 학문을 독실히 하고 실천
을 힘써 도를 닦고 덕을 진전시켰으며 지식을 정밀히 하고 견
문을 넓게 하여 그와 견줄 만한 사람이 드물었다. 그러니 또한
공은 선현에 필적할 만하며, 후세 학자들의 종사(宗師)[4]가 될
것이다."라고 하였다.[5]

○ 又曰 公篤學力行 修道進德 精識博聞 鮮與倫比 亦可追配前賢

---

2 이 내용은 성운이 지은 제문이나 만장에 보이지 않으며, 어디에서 발췌한 것인지
   확인할 수 없다.
3 이 내용은 『남명선생별집』 권5 잡록(雜錄)에 수록된 성운이 지은 「호상소조장(護
   喪所弔狀)」에 보인다.
4 종사(宗師): 대중이 우러러 존경하며 사표로 삼는 스승을 가리킨다.
5 이 내용은 성운의 문집 『대곡집』 권하 「남명선생묘갈(南冥先生墓碣)」에 보인다.

爲來世學者宗師耳

4. 송규암(宋圭庵)[6] 선생이 말씀하기를 "선생은 미련 없이 성인을 배우고자 하여 바로 과거시험을 그만두고서 경의(敬義)의 학문에 힘을 썼다. 마음을 단단히 잡고서 안정을 취하여 한때의 추향(趨向)으로 벼슬길에 나아가고 물러남을 정하지 않았다." 라고 하였다.[7]

○ 宋圭庵先生曰 先生脫然欲學聖人 便罷試舉 用力敬義 緊把得定 不以一時趨向爲進退

5. 노옥계(盧玉溪)[8]가 말하기를 "공은 하늘의 바른 기운을 받고 태어나, 이 세상의 호걸이 되셨네. 개결(介潔)과 성심(誠心)으로 내면을 돈독히 하고, 정직하고 방정으로 외면을 절제하셨네. 자신을 지키는 데 확고하여, 그 절개가 바위처럼 단단하셨

---

6 송규암(宋圭庵): 송인수(宋麟壽, 1499~1547)이다. 자는 미수(眉叟), 호는 규암, 본관은 은진이다. 1521년 문과에 급제하여 대사헌, 전라도 관찰사 등을 지냈다. 1545년 을사사화 때 파직되었다가 1547년 사사되었다.

7 이 내용은 송인수의 문집 『규암집』 권2 「유인이씨묘갈명병서(孺人李氏墓碣銘幷序)」에 보인다. 이 글은 송인수가 남명의 부탁으로 남명의 모친 인천 이씨의 묘 앞에 세운 묘갈명이다.

8 노옥계(盧玉溪): 노진(盧禛, 1518~1578)이다. 자는 자응(子膺), 호는 옥계, 본관은 풍천이다. 함양 출신으로 1546년 문과에 급제하여 경상도 관찰사, 예조 판서 등을 지냈다. 남명을 종유한 인물이다. 남명이 산청 지곡사 등지에서 강학할 적에 오건(吳健) 등과 함께 참석한 것으로 보아, 문인이나 다름없는 인물이다.

네. 언론은 영특하였는데, 우레처럼 매섭고 질풍처럼 강렬하셨도다. 시대를 걱정하고 세속을 근심하는 것이, 얼굴빛에 그대로 드러나셨네."라고 하였다.[9]

○ 盧玉溪曰 公受天正氣 爲世人豪 潔誠內篤 直方外操 確乎自守 其介如石 言論英發 雷厲風烈 憂時憫俗 動於容色

6. 오덕계(吳德溪)[10]가 말하기를 "천지의 원기(元氣)가 모여, 철인 (哲人)을 돈후하게 낳으셨네. 우리나라에 우뚝 서서, 세상을 덮을 정신이었네. 용이 깊은 연못에 잠긴 듯, 봉황이 천 길 위로 날아오른 듯. 밝은 안목은 귀신까지 꿰뚫었고, 용기는 장수의 의지도 꺾었네. …… 자신의 거처를 굳게 정립하고서, 절개를 견고히 하기로 의지를 세우셨네. 함양하고 성찰할 적에는 경(敬)을 주로 하셨고, 결단하고 절제할 적에는 의리로써 하셨네. 소강절(邵康節)이 바람을 몰고 우레를 채찍질하듯,[11] 우주를 활보하여 원대한 지향을 하셨네. 강직하고 방정하고 엄중하고 꼿꼿하셨으며, 먹줄처럼 곧고 수평기처럼 평평하

---

9   이 내용은 노진의 『옥계집』 권2 「제조남명문(祭曺南冥文)」에 보인다.

10 오덕계(吳德溪): 오건(吳健, 1521~1574)이다. 자는 자강(子強), 호는 덕계, 본관은 함양이다. 산청에 살았으며 남명에게 수학하였다. 1558년 문과에 급제하여 사헌부 지평, 이조 좌랑 등을 지냈다.

11 소강절(邵康節)이……채찍질하듯: 소강절은 북송 때 학자 소옹(邵雍)이다. 주자가 지은 「육선생화상찬(六先生畫像贊)」의 소강절선생찬(邵康節先生贊)에 "바람을 몰고 우레를 채찍질하며 하늘 끝을 두루 유람했네.[駕風鞭雷 歷覽無際]"라고 하였다.

셨네. 텅 비고 밝으며 청정한 마음, 옥처럼 깨끗하고 얼음처럼 맑으셨네. 밝은 덕을 산처럼 축적하여, 동짓날 밤의 우렛소리에 온갖 집의 문이 열리듯.[12] 눈은 사화의 기미를 알아보셨고, 마음은 고금의 일을 요량하셨네. 관대하게 선을 즐기시어, 봄날처럼 찬란하고 찬란하셨네. …… 나라 경륜할 재주를 펼치지 못하셨으나, 만물을 사랑하는 마음은 늘 변치 않으셨네. 백성 보기를 아픈 사람을 보듯이 하여, 진정한 성심으로 가없고 측은히 여기셨네. 백성을 구제할 대책을 연구하고 기획하여, 사람들 만나면 통렬하게 말씀하셨네. 은거하셨지만 세상사를 잊은 것이 아니고, 뜻을 펴지 못했지만 어찌 자신만을 깨끗이 한 것이랴. 선비들은 지향할 바를 알게 되었고, 백성들은 그 덕에 감복하였네. 참되도다! 우리 스승님, 진실하도다! 선각자이시네. 마음으로 본체와 작용을 터득하셨으니, 학문은 귀로 듣고 입으로 말하는 학문이 아니었네. 백대 동안 우러를 큰 유학자이시고, 세 조정으로부터 부름을 받은 선비셨도다."라고 하였다.[13]

○ 吳德溪曰 元氣之會 篤生哲人 卓立海東 蓋世精神 龍潛九淵 鳳翔千仞 明透鬼神 勇奪行陣 …… 立定脚跟 堅節刻意 涵省主敬

---

12 동짓날……열리듯: 주자의 시 「답원기중론계몽(答袁機仲論啓蒙)」에 "문득 한밤중의 한 소리 우레, 만호 천문이 차례로 열리네.[忽然半夜一聲雷 萬戶千門次第開]"라고 하였다. 이는 동짓날 밤에 하나의 양(陽)이 새로 생겨난다는 것을 노래한 것이다.
13 이 내용은 오건의 『덕계집』 권2 「제남명선생문(祭南冥先生文)」에 보인다.

斷制以義 駕風鞭霆 濶步遠指 剛方嚴毅 繩直準平 虛明灑落 玉
潔氷淸 艮蓄陽德 雷開萬戶 眼索幾微 心衡古今 休休樂善 燁燁
春容 …… 才屈命世 志常愛物 視民疲癃 血誠矜惻 硏畫救策
對人痛說 隱非忘世 窮豈獨潔 士知所趨 民服其德 允矣吾師 展
也先覺 心得體用 學非口耳 百代大儒 三世徵士

7. 정한강(鄭寒岡)[14]이 말하기를 "선생은 천지의 순수하고 강직
한 덕을 부여받고, 산하의 맑고 깨끗한 정기를 모으셨네. 재주
는 한세상에 가장 높았고, 기개는 천고의 인물보다 빼어나셨
네. 지혜는 천하의 변화에 충분히 통달할 만하였고, 용기는 한
나라 군대 장수의 의지를 빼앗기에 넉넉하였네. 태산처럼 우
뚝 솟은 기상이 있으셨고, 봉황처럼 높이 날아오르는 지취가
있으셨네. 〈산봉우리의 옥처럼 찬란히 빛났고, 수면 위에 비
친 달빛처럼 환하였네.〉 저의 안목으로 선생을 보건대, 동방에
진동할 지금까지 없었던 호걸스러운 인물이 되시리라."라고
하였다.[15]

○ 鄭寒岡曰 先生稟天地純剛之德 鍾河嶽淸淑之精 才高一世 氣
蓋千古 智足以通天下之變 勇足以奪三軍之帥 有泰山壁立之像

---

14   정한강(鄭寒岡): 정구(鄭逑, 1543~1620)이다. 자는 도가(道可), 호는 한강, 본관은
     서원(西原)이다. 성주에 살았으며, 남명·퇴계에게 배웠다. 동향의 벗 김우옹(金宇
     顒)의 천거로 벼슬길에 나아가 강원도 관찰사 등을 지냈다.
15   이 내용은 정구의 『한강집』 권11 「제남명조선생문(祭南冥曺先生文)」에 보인다.

정구의 제문

有鳳凰高翔之趣 〈璨璨如峯頭之玉 顯顯如水面之月〉自我而觀
之 宜其爲振東方未有之人豪矣

8. 정한강이 또 말하기를 "내 일찍이 증자(曾子 : 증삼(曾參))가 '여
   섯 척의 어린 고아를 부탁할 수 있고, 사방 1백 리 되는 나라
   의 명령을 맡길 수 있으며, 큰 절개를 드러내야 할 적에 그의
   의지를 빼앗을 수 없으면 〈그런 사람은 군자다운 사람일까?
   군자다운 사람이다.〉'라고 한 말을 들어보았는데, 오직 선생의
   재주와 덕이 이러한 말에 거의 가까울 것이다. …… 어찌 우리
   나라에 다시 태어날 수 있는 호걸이겠는가? 후세에도 보기 어
   려운 분일 뿐만 아니라, 이전의 세상에서도 다시 보기 어려운

분이다."라고 하였다.[16]

○ 又曰 吾嘗聞於曾子之言曰 可以托六尺之孤 可以寄百里之命
臨大節而不可奪也 惟先生之才之德 庶幾乎斯說 …… 夫豈東
方再生之豪傑也 不但難見於後 亦復難見於前

9. 김동강(金東岡)[17]이 말하기를 "선생은 천성이 강개하여 남에게
굽신거리거나 거만하지 않았다. 항상 학사(學士)나 벼슬아치
들과 함께 있을 적에 말이 시정(時政)의 잘못이나 민생의 곤궁
함에 미치게 되면 주먹을 불끈 쥐고 오열하지 않은 적이 없으
셨는데, 간혹 눈물을 떨구기까지 하셨다. 말씀을 듣는 자들이
그 때문에 경청하였다. 선생이 이 세상사에 간절한 마음을 가
지신 것이 이와 같았다. 그러나 도를 따르고 의리를 지켜 자신
을 낮추어서 등용되기를 구하지 않으셨다. 빈한한 삶에 안분
하며 곤궁함 속에서도 의지를 견고히 하여 자신을 굽히면서
세속을 따른 적이 없으셨다. 그러므로 세상과 영원히 작별하
고 산골짜기에서 일생을 마치셨다. 조정에 나아가 그 재주를
시험해 보지 못하여 천지를 경륜할 사업이 초야에서 사라졌
다. 아! 누가 그렇게 하였단 말인가? 그러나 선생이 본성의 분

---

16 이는 정구가 곽율(郭赳)을 대신해서 지은 제문으로, 정구의 『한강집』 권11에 「대
곽율제남명선생문(代郭赳祭南冥先生文)」으로 되어 있다.
17 김동강(金東岡): 김우옹(金宇顒, 1540~1603)이다. 자는 숙부(肅夫), 호는 동강, 본
관은 의성이다. 성주 출신으로 남명의 외손서이며, 남명에게 수학하였다. 문과에
급제하여 예조 참판 등을 역임하였다.

김성일 논평

수 안에서 터득하여 만고에 드리워도 없어지지 않을 도덕은
애초 선생이 등용되느냐 버려지느냐에 따라 더해지거나 줄어
드는 것은 아니다."라고 하였다.[18]

○ 金東岡曰 天性伉[19]慨 未嘗俯仰於人 常與學士大夫 語及時政闕
失 生靈困悴 未嘗不扼腕哽咽 或至流涕 聞者 爲之竦聽 其惓惓
斯世如此 然而由道守義 不肯自小以求用 安貧固窮 未嘗自屈
以從俗 故與世長辭 巖穴終古 使其未試於廊廟 而經綸之業 零
落於煙霞 嗚呼 是孰使之然哉 然其所得於性分之內 而亘萬古
而不磨者 則初不以用舍而加損也

18　이 내용은 김우옹의 『동강집』 권17 「남명선생행장(南冥先生行狀)」에 보인다.
19　伉: 강(忼)의 오자인 듯하다.

10. 김학봉(金鶴峯)[20]이 말하기를 "퇴계와 남명 두 선생이 한세상에 나란히 태어나 도학을 창도해 밝혀서 인심을 선하게 하고 인륜의 기강을 부지하는 것으로 자신의 임무를 삼으셨다. 사인들이 그에 훈도되고 점점 젖어들어 흥기하여 두 선생을 사숙하는 사람들이 많았다."라고 하였다.[21]

○ 金鶴峯曰 退溪南冥兩先生 竝生一世 倡明道學 以淑人心扶人紀爲己任 士子之薰陶漸染 興起私淑者 多矣

20　김학봉(金鶴峯): 김성일(金誠一, 1538~1593)이다. 자는 사순(士純), 호는 학봉, 본관은 의성이다. 안동 출신으로 이황(李滉)의 문인이다. 문과에 급제하여 경상우도 순찰사 등을 역임하였다.

21　이 내용은 김성일의 『학봉집』 권3 「초유일도사민문(招諭一道士民文)」에 보인다.

부록

원문
대조표

원문 대조표

『南冥先生別集』, 碧寒亭 手稿本 2, 『无悶堂集』「南冥先生言行總錄」비교

연번	『南冥先生別集』「言行總錄」
제목	言行總錄 【先生墓碑行狀 俱載文集 今不能盡錄 節其言行實蹟 旁探聞見 遺事 編次如左】
001	先生氣宇淸高 兩目炯耀 望之 知其非塵世間人物【此記先生氣質之粹美】
002	先生未冠 豪勇不羈 以功名文章自期 有駕一世軼千古之意 讀書 喜左柳文字 製作好奇高 不屑爲世體 屢捷發解 名震士林【此下 記先生少時不羈之志】
003	先生自言 余受氣甚薄 惟以傲物爲高 非但於人有所傲 於世亦有 所傲 其見富貴貨利 蔑如草泥 僄忽矯擧 浩嘯攘臂 常若有遺世之 像焉
004	先生一日讀書 得許魯齋之言 惕然覺悟 自是 篤志實學 堅苦刻厲 不復爲俗學所撓 飛揚不羈之志 一頓點化 動靜語默 非復舊時樣 子【此下記先生變化氣質】
005	先生聽鷄晨興 冠頂帶腰 正席尸坐 肩背竦直 望之 若圖形刻像
006	先生操履果確 動循繩墨 目無淫視 耳無側聽 莊敬之心 恒存乎中 惰慢之容 不形于外
007	先生威儀容止 舒遲閑雅 自有準則 雖在忽卒驚擾之間 不失常度

- 저　본 : 『남명선생별집』「言行總錄」(1825년 덕천서원 간행, 1982년 아세아문화
  사 영인)
- 대조본 : 碧寒亭 手稿本「言行總錄」(『남명학연구논총』제2집 『山海師友淵源錄』
  과 함께 수록) 및 朴絪의 『无悶堂集』권5「南冥先生言行總錄」(한국고전
  번역원, 한국문집총간 수록)
- 참　고 : 빨간색은 서로 상이한 부분, 파란색은 『남명선생별집』에만 있고 다른 본
  에는 없는 기사, 초록색은 수록 순서가 바뀐 것, 【　】안의 내용은 소주를
  표기한 것이다.

碧寒亭 手稿本2「言行總錄」	朴絪, 『无悶堂集』「南冥先生言行總錄」
言行總錄 소주 없음	南冥先生言行總錄 소주 없음
동일	동일
동일	동일
동일	동일
동일	동일
동일	동일
동일	동일
先生威儀容止 舒遲閑雅 自有準則 雖 在怱卒驚擾之間 不失常度	先生威儀容止 舒遲閑雅 自有準則 雖 在怱卒驚擾之間 不失常度

연번	『南冥先生別集』「言行總錄」
008	先生拂床開卷 心眼俱到 默觀而潛思 口不作吾伊之聲 齋房之內 寂然若無人【此下記先生學問之功存養之密】
009	先生獨處書室 整齋瀟灑 書冊器用 安頓有常 終日端坐 未嘗見其 隋隋傾倚之時
010	先生足不踰門墻之外 雖連棟而居者 罕得見其面
011	先生讀書 不曾章解句析 或十行俱下 到切己處 便領略過
012	先生嘗曰 學者無多著睡 其思索工夫 於夜尤專
013	先生博求經傳 旁通百家 然後斂煩就簡 反躬造約 而自成一家 之學
014	先生以爲學莫要於持敬 故用工於主一 惺惺不昧 收斂身心 學莫 先於寡欲 故致力於克己 滌淨查滓 涵養天理
015	先生戒愼乎不覩不聞 省察乎隱微幽獨 知之已精而益求其精 行 之已力而益致其力 以反躬體驗脚踏實地爲務 求必蹈夫閫域
016	先生特提敬義字 大書窓壁間 嘗曰 吾家有此二字 如天之有日月 洞萬古而不易 聖賢千言萬語 要其歸 都不出二字外也
017	先生曰 學而欠主敬工夫 則其爲學僞矣 孟子曰 學問之道 無他 收其放心而已 此是主敬工夫也
018	先生以和恒直方 爲四字符 以格物致知 爲第一工夫
019	先生敬以心息相顧 幾以察識動微 爲主一謹獨法
020	先生作金人銘 書塞兌字 爲謹言戒
021	先生 常佩金鈴 號曰惺惺子 【蓋喚醒之工也 延平李先生亦嘗 佩之】
022	先生常束革帶 銘曰 舌者泄 革者結 縛生龍 藏漠冲
023	先生愛佩寶刀 銘曰 內明者敬 外斷者義
024	先生嘗以淨盞貯淸水 兩手捧之終夜 【蓋持志之事也】
025	先生畫古聖賢遺像 張在左右 目存而心思 肅然起敬 如在函丈間 耳受面命之誨

碧寒亭 手稿本2「言行總錄」	朴絪,『无悶堂集』「南冥先生言行總錄」
동일	동일
동일	동일
동일	동일
동일	동일
동일	동일
先生博求經傳 傍通百家 然後斂煩就簡 反躬造約 而自成一家之學	先生博求經傳 旁通百家 然後斂煩就簡 反躬造約 而自成一家之學
동일	동일
동일	동일
동일	동일
동일	동일
동일	동일
동일	동일
동일	동일
先生常佩金鈴 號曰惺惺子【蓋喚醒之工也】	先生常佩金鈴 號曰惺惺子【蓋喚醒之工也】
동일	동일
동일	동일
先生常以淨盞貯淸水 兩手捧之終夜【蓋持志之事也】	先生常以淨盞貯淸水 兩手捧之終夜【蓋持志之事也】
동일	동일

연번	『南冥先生別集』「言行總錄」
026	先生於陰陽地理醫藥道流之言 無不涉其梗槪 以及弓馬行陣之法 關防鎭戍之處 靡不留意究知【此下記先生才高志彊而無所不通】
027	先生發之文辭也 初不經意 而風驅雷迅 不加點改 奇辭奧意 雖宿儒 或不能看透
028	先生常持詩荒戒 以爲詩人意致虛曠 大爲學者之病 故不喜述作
029	先生中年 答成聽松書曰 常以哦詩 非但玩物喪志之尤物 於某 每增無限驕傲之罪 用是廢閣諷詠 近出數十載
030	先生晩歲嘗自言 吾學古文而不能成 退溪之文 本是今文 然却成就 譬之 我織錦而未成匹 難於世用 退溪織絹成匹而可用也 寫大字 頗遒勁 效雪庵兵衛森帖 然未嘗留意 自言其不成也
031	先生居親之側 必有婉容 以善爲養悅其心志 衣煖膳甘 亦莫不具【此下記先生處家之道】
032	先生在服 哀慕泣血 不脫絰帶 晨夜 身未嘗不在几筵之側 雖遘疾 亦莫肯退就服舍 祭必備物 烹調之宜 滌拭之潔 不以獨任廚奴 必躬親視之 有弔慰者 必伏哭答拜而已 未嘗坐與之語 戒僮僕 喪未終 勿以家事冗雜者來詒
033	先生與弟桓 友愛甚篤 同居一垣之內 出入無異門
034	先生家貧 輕財好施 克己爲義 分家産時 先生以承祀 受京中藏義洞家舍 及居海上 以與姊夫李公亮 公亮以直歸之 受而頒諸弟妹之貧者 一毫不自取 又盡以兔洞田産 與弟桓 迨其始還 無立錐之地 資衣食於弟妹 亦曠然不以爲意也
035-1	先生於內子 雖不好合 終身不絶恩義
035-2	李黃江曰 楗仲於其夫婦間 尤有人所難能者 而人莫之知也
036	先生莊以莅衆 閨庭之內 內外肅整 其婢僕之近侍者 不斂髮正髻 不敢進 雖其配偶之尊 亦然
037	先生於飮食細微之事 必以正而不苟 嘗往觀喪林泉鶴 其家切肉爲花木樣 以供酒殽 先生指之曰 切肉只宜方正 不當爲奇巧狀

碧寒亭 手稿本2「言行總錄」	朴絪,『无悶堂集』「南冥先生言行總錄」
동일	동일
동일	동일
동일	동일
先生中年 答成聽松書日 常以哦詩 非但玩物喪志之尤物 於某 每增無限驕傲之罪 用是廢閣諷咏 近出數十載	先生中年 答成聽松書日 常以哦詩 非但玩物喪志之尤物 於某 每增無限驕傲之罪 用是廢閣諷詠 近出數十載
가사 없음	가사 없음
동일	동일
先生在服 哀慕泣血 不脫経帶 晨夜身未常不在几筵之側 雖遘疾 亦莫肯退就私舍 (이하 동일)	先生在服 哀慕泣血 不脫経帶 晨夜身未嘗不在几筵之側 雖遘疾 亦莫肯退就服舍 (이하 동일)
동일	동일
동일	동일
동일	동일
기사 없음	기사 없음
동일	동일
동일	동일

연번	『南冥先生別集』「言行總錄」
038-1	先生婚姻喪葬祭祀之禮 皆倣家禮 取其大意 其節文不求盡合 於昏禮 則以國俗行禮於婦家 不得行親迎一節 只令壻婦相見於廳事 行交拜之禮 蓋以是爲復古之漸也 又於昏喪 不從俗設高排果床 一時士夫之家 多有化之者 而風俗亦爲之少變矣
038-2	鄭寒岡曰 昏禮之廢 久矣 下之人固不可復 然南冥先生酌古參今 使之初昏相見 闕親迎一條外 其餘曲折 尙自依禮
039	先生所居 不栽花草 惟松竹槐木而已
040	先生深以出處爲君子大節 泛論古今人物 必先觀其出處 然後論其行事得失【此下記先生謹出處之節】
041	先生嘗謂 諸葛孔明爲昭烈三顧而出 欲爲於不可爲之時 未免有小用之憾 若終不爲昭烈起 寧老死於隆中 天下後世 不知有武侯事業 亦未爲不可矣
042	先生嘗著嚴光論 以自見其志 略曰 士有上不臣天子 下不臣諸侯 雖分國 如錙銖 有不屑焉 彼其所挾者大而所辦者重 未嘗輕與人許己也 屠龍之技 不入於犧庖 佐王之足 不踐於霸都 子陵之羊裘 澤中 自託於漁釣 終不肯爲漢小屈者 豈非所挾者大而然乎 且考子陵言論風味 則非矯情激物 長往而不顧者也 特伊傅之類而未遇焉者耳 嗚呼 使伊尹而不遇成湯 則終死於有莘之野 使傅說而不遇高宗 則終老於傅巖之野 必不肯枉道而求合 使子陵 遇成湯高宗之君 則又爲終老於巖穴 爲桐江一釣翁乎 聖賢之心乎生民也 一也 而抑時有幸不幸也
043	先生當明廟朝 累除不就 嘗上疏於上曰 他日 殿下致化於王道之域 則臣當執鞭於廝臺之末 竭其心膂 以盡臣職 寧無事君之日乎
044	先生嘗語宇顒曰 丈夫動止 重如山岳 壁立萬仞 時至而伸 方做出許多事業 千匀之弩一發 能碎萬重堅砮 固不爲鼷鼠發也
045	先生視功名 有如太虛中一片雲
046	先生不能忘世 憂國傷民 每値淸霄皓月 獨坐悲歌 歌竟涕下【此下記先生不能忘世之意】

碧寒亭 手稿本2「言行總錄」	朴絪,『无悶堂集』「南冥先生言行總錄」
先生婚姻喪葬祭祀之禮 皆倣家禮 取其大意 其節文不求盡合 於昏禮 則以國俗行禮於婦家 不得行親迎一節 只令婿婦相見於廳事 (이하 동일)	先生婚姻喪葬祭祀之禮 皆倣家禮 取其大意 其節文不求盡合 於昏禮 則以國俗行禮於婦家 不得行親迎一節 只令壻婦相見於廳事 (이하 동일)
기사 없음	기사 없음
동일	동일
동일	동일
동일	동일
先生嘗著嚴光論 以自見其志 略曰 士有上不臣天子 下不臣諸侯 雖分國 如錙銖 有不屑焉 彼其所挾者大而所辦者重 未嘗輕與人許己也 屠龍之伎 不入於犧庖 佐王之足 不踐於覇都 子陵之羊裘澤中 自托於漁釣 終不肯爲漢小屈者 豈非所挾者大而然乎 且考子陵言論風味 則非矯情徼物 (이하 동일)	先生嘗著嚴光論 以自見其志 略曰 士有上不臣天子 下不臣諸侯 雖分國 如錙銖 有不屑焉 彼其所挾者大而所辦者重 未嘗輕與人許己也 屠龍之技 不入於犧庖 佐王之足 不踐於覇都 子陵之羊裘澤中 自托於漁釣 終不肯爲漢小屈者 豈非所挾者大而然乎 且考子陵言論風味 則非矯情徼物 (이하 동일)
先生 當明廟朝 屢除不就 (이하 동일)	先生當明廟朝 屢除不就 (이하 동일)
先生嘗語金東岡曰 丈夫動止 重如山岳 壁立萬仞 時至而伸 方做出許多事業 千勻之弩一發 能碎萬重堅壁 固不爲鼹鼠發也	先生嘗語金東岡曰 丈夫動止 重如山岳 壁立萬仞 時至而伸 方做出許多事業 千勻之弩一發 能碎萬重堅壁 固不爲鼹鼠發也
동일	동일
先生不能忘世 憂國傷民 每值清宵皓月 獨坐悲歌 歌竟涕下【此下記先生不能忘世之意】	先生不能忘世 憂國傷民 每值清宵皓月 獨坐悲歌 歌竟涕下【此下記先生不能忘世之意】

연번	『南冥先生別集』「言行總錄」
047	先生念生民困悴 若恫瘝在身 懷抱委襞 言之 或至 嗚噎 繼以涕下 與當官者言 有一分可以利民者 極力告語 覬其或施
048-1	或言 今之科擧 決不可廢 先生曰 古有選士法 士比肩而出者 皆良才 譬如養得林木 棟楹樑桷之材 靡有不具 比株而伐之 以搆大廈 養之有道 而取不遺 材用 自無不足矣
048-2	或人問 使先生得行於世 做得大事業否 曰 吾未嘗有德有才而不長 豈得當了事 但尊舊相奬後輩 推拔多少賢才 使之各效其能 坐觀其成功 吾或庶幾焉
049	先生惜世之君子 出爲時用 要做好事 事敗身僇 貽禍士林者 正坐見幾不明 相時不審 又不知與元豊大臣同之義也
050	先生以爲 當國大事者 不知幾 不相時 不協心 强銳自任 胡亂作爲 或相前却 因較勝負 初非赤心謀國 只是循私意而已
051	先生燕居 終日危坐 未嘗有惰容 對貴客不爲動 接卑幼不以懈 年踰七旬 常如一日【此下記先生接物之事】
052	先生言論英發 雷厲風起 使人潛消利欲之念而不自覺
053	先生長於譬喩 引物連類 明爽不凡 亦有英氣太露處 雜以諧謔嘲諷之言
054	賓侶之就省者 見先生神色峻厲 簡默少言 必斂容曲膝 悚然敬畏 終莫與之讕語讙笑
055	先生一切世好 視若草芥 而不以此望於人
056	先生愛人好士 不事表襮 開心坦懷 一見如舊 豪氣絶倫 議論凜然 儀表士林 至於鄙夫野人 皆知有南冥先生 而學士大夫識與不識 稱先生者 必曰秋霜烈日云
057	先生雖於鄙夫野人 必和顏溫語 使得盡其情 爲善 必面稱 有過 輒導於相識之人 不諱其病痛 因投鍼劑 使之自治 雖疎遠 不沒其長 雖親愛 不掩其短
058	先生聞人之善 喜動於色 若己有之 聞人之惡 恐或一見 避之如仇
059	先生聞人遭死喪之威 痛若在己 救之如救水火 輕出貨力 猶棄粃粺

碧寒亭 手稿本2「言行總錄」	朴絪,『无悶堂集』「南冥先生言行總錄」
동일	동일
동일	동일
동일	동일
동일	동일
동일	동일
동일	동일
동일	동일
동일	동일
동일	동일
동일	동일
동일	동일
동일	동일
동일	동일
동일	동일

연번	『南冥先生別集』「言行總錄」
060	先生每値國諱 不聆樂啖肉 一日 有二三名窒 請先生會佛寺張飮 先生徐言曰 某大王諱辰 今日是也 諸公豈偶忘之耶 左右失色驚 謝 亟命退樂去肉
061	儒生居接于斷俗寺 乃火佛像焚經板 其後齊進謁先生 謝其過擧 先生曰 後生務爲調適 則他日安得見其進就也 夫子之取狂簡者 此意也 但經板 則有可惜者存 若能切以細鉅 分作活字 印出諸書 則取彼家無用之物 爲吾家有用之器矣 計不出此 而有用之物 俱 付於灰爐中 此可惜也
062	先生在山海時 林石泉億齡來訪 因言途道甚險 先生笑曰 君等所 蹈之路 殆險於此也
063	先生在山中 有一士人 遊頭流 歷靑鶴洞 歸謁先生 因言入靑鶴洞 見鶴之事 先生曰 此非鶴也 乃鸛也 因戲之曰 君之此行 徒自勞 耳 訪鶴而見鸛 訪隱而見吾 惡在其所得也
064	先生常佩寶刀 李相國陽元爲本道監司 來謁先生 因指之曰 此劍 得無重乎 先生曰 何重之有 吾念相公腰下金帶爲重也 李謝曰 材 薄任重 恐未堪也
065	李二相長坤 晚年來居昌寧故土 先生與渠有舊 因過行一見 語及 其爲咸鏡監司時 道內凶荒 流民滿路 前差賑救方急 聞一州飢民 甚多 單騎不意馳往 猝入賑濟所 飢民無一口 心怪之 宿于公廨 平明發行五里許 一驛卒喟然曰 此州飢民聚何處而死 卽駐馬嚴 詰 乃曰 慮道行不意來到 驅飢民於僻巷中 空賑幕 欺上使爾 卽 旋馬 令其卒先導 直入其巷 無慮數百飢民 皆濱死 卽捉致牧使杖 啓聞 因留一月 爲粥飯饋之 皆有生意 然後乃去 先生徐答曰 活 人誠多矣 李解其意 擧兩手指天曰 願死者再三而無怍色 先生之 意 以爲渠在己卯 以兵判隨袞貞指揮 不能救名流一人 以活飢民 自多 故以此諷之 渠亦自知而服其罪
066	松溪嘗入京時 先生因付藥債 與之書曰 初欲乞諸原吉 而更料 則 一身病痛 何關於世 而向人乞求官藥乎 誠所不敢【此下記先生 辭受之義】
067	先生曰 銓門如市 無非苞苴事也 固當一切謝去 若在無權之地 朋 友有寄髓滫 寧可不受耶 若一切却之 則無亦狹隘而非人情乎

碧寒亭 手稿本2「言行總錄」	朴絪,『无悶堂集』「南冥先生言行總錄」
동일	동일
동일	동일
동일	동일
동일	동일
동일	동일
기사 없음	기사 없음
동일	동일
동일	동일

연번	『南冥先生別集』「言行總錄」
068	三足堂家富 其卒也 先生視之 三足念先生貧乏 遺令諸子歲遺之 粟若干 以視先生 先生不受 以詩復之日 於光亦不受 此人劉道源 所以胡康侯 至死貧不言
069	有新進少年 踐清班 擅盛譽 先生一見告人日 觀其挾才自恃 乘氣 加人 異日 賊賢害能 未必不由此人 其後 果登崇位 陰結兇魁 弄 法行威 士類殲焉【此下記先生知人之明】
070	有士子 有文藝未第 其人陰猜媚嫉 仇視賢人 先生偶見於群會中 退而語友人日 吾察於眉宇之間 而得其爲人 貌若坦蕩 中藏禍心 如使得位逞志 善人其殆乎 友人服其明
071	李芑嘗出使嶺外 芑曾以喜讀中庸 爲時所推 以書抵先生 論義理 疑處 先生答日 相公以植棄擧業入山林 意或積學有見 而不知被 欺已多矣 此身多病 仍投閑靜 只保得餘生 義理之學 非所講也 【芑後卒爲乙巳兇魁】
072	先生取友必端 其人可友 雖在布褐 尊若王公 必加禮敬 不可友 官雖崇貴 視如土梗 恥與之坐【此下記先生交朋友之道】
073	一時名士 如聽松成先生 大谷成先生 東洲成先生 黃江李先生 松 溪申先生 皆爲知己友 與成參奉郭司諫 交契亦厚 二人死於乙 巳 每念之 未嘗不流涕 與三足金先生 交道最深 嘗以天下士許之 【一時名士 以道義相交者 固不止此 此特言其交道之最深者耳】
074	先生日 吾友李君仲望 口未嘗有訿訾疾遽之言 心未嘗有忤逆恢 害之萌 貪於古而悅乎朋望之者 恚消忿釋 知其爲忠信人也
075	先生教人 各因其才而篤焉 有所質問 則必爲之剖析疑義 其言細 入秋毫 使聽者 洞然暢達而後已【此下記先生教後學之道】
076	先生教人 必觀其資稟 將順激勵之
077	先生嘗語學者日 爲學 初不出事親敬兄悌長慈幼之間 如或不勉 於此 而遽欲窮探性理之奧 是不於人事上求天理 終無實得於心 宜深戒之
078-1	先生日 濂洛以後 著述輯解 階梯路脈 昭如日星 新學小生 開卷 洞見 至其得力之淺深 則只在求之誠不誠如何耳

碧寒亭 手稿本2「言行總錄」	朴絪,『无悶堂集』「南冥先生言行總錄」
동일	동일
동일	동일
동일	동일
李芑嘗出使嶺外 芑曾以喜讀中庸 爲時所推 以書抵先生 論義理疑處 先生答曰 相公以植棄擧業入山林 意或積學有見 而不知被欺已多矣 此身多病仍投閑靜 (이하 동일) 소주 없음	李芑嘗出使嶺外 芑曾以喜讀中庸 爲時所推 以書抵先生 論義理疑處 先生答曰 相公以植棄擧業入山林 意或積學有見 而不知被欺已多矣 此身多病仍投閑靜 (이하 동일) 소주 없음
동일	동일
동일	동일
동일	동일
동일	동일
동일	동일
동일	동일
先生曰 濂洛以後 著述輯解 階梯路脈昭如日星 新學少生 開卷洞見 (이하 동일)	先生曰 濂洛以後 著述輯解 階梯路脈昭如日星 新學小生 開卷洞見(이하 동일)

연번	『南冥先生別集』「言行總錄」
078-2	又曰 今之學者 全與古人不同 宋時群賢 講明備盡 盛水不漏 後之學者 只在用力之緩猛而已 寧有一毫不分門路 誤陞階梯事乎
079	先生曰 吾於學者 只得警其昏睡而已 旣開眼了 自能見天地日月矣
080	先生曰 學者苟能收斂身心 久而不失 則群邪自息 而萬理自通矣
081	先生未嘗爲學徒談經說書 只令反求而自得之
082	先生嘗語肅夫曰 老夫雖或有一分相長之力 能加絲髮於程朱立言乎 其中有語錄易經難解處 吾亦不强求盡其閑語 且如穿井 初間汙濁 掘盡澄澈 然後銀花子歷歷 請勿欲一盡得 累以歲月 日有所得 然後見與老夫切磋 幸甚
083	先生常繹語孟庸學近思錄等書 以培其根 以廣其趣 就其中切己處 更加玩味 仍擧以告人 未嘗苟爲博洽 以徇聽聞之美 未嘗便爲講說 引惹外人論議
084	先生與金孝元書曰 於今 直把大學看 傍探性理大全一二年 常常出入大學一家 雖使之燕之楚 畢竟歸宿本家 作聖作賢 都不出此家內矣
085	先生示松坡子曰 古今學者 窮易甚難 此不曾熟四書故也 學者須精熟四書 眞積力久 則可以知道之上達 而窮易 庶不難矣
086	先生曰 學必以自得爲貴 徒靠册子上 講明義理 而無實得者 終不見受用 得之於心 口若難言 學者不以能言爲貴
087	先生曰 遨遊於通都大市中 金銀珍玩 靡所不有 盡日上下街衢而談其價 終非自家家裏物 却不如用吾一匹布 買取一尾魚來也 今之學者 高談性理 而無得於己 何以異此
088	先生曰 世之學者 其於四書 厭其尋常 讀之無異俗儒記誦章句之習而求者 喜於聞見之書 好著枉功 此所謂索隱行怪者 不啻不知道體 而終不能覘覯其門戶矣
089	先生與吳子强書曰 熟看時尙 痼成猗楦驢鞹 渾世皆然 已急於惑世誣民 雖有大賢 已不可救矣 此實斯文宗匠者 專主上達 不究下學 以成難救之習 公今不可不知此弊之難救矣

碧寒亭 手稿本2「言行總錄」	朴絪,『无悶堂集』「南冥先生言行總錄」
동일	동일
동일	동일
동일	동일
동일	동일
先生嘗語肅夫曰 老夫 雖或有一分相長之力 能加絲髮於程朱立言乎 其中有語錄易經難解處 吾亦不强求盡其間語 (이하 동일)	先生嘗語肅夫曰 老夫 雖或有一分相長之力 能加絲髮於程朱立言乎 其中有語錄易經難解處 吾亦不强求盡其閒語 (이하 동일)
동일	
동일	
동일	
동일	
先生曰 遨遊於通都大市中 金銀珍玩靡所不有 盡日上下街衢而談其價 終非自家家裏物 却不如用吾一疋布 (이하 동일)	先生曰 遨遊於通都大市中 金銀珍玩靡所不有 盡日上下街衢而談其價 終非自家家裏物 却不如用吾一疋布 (이하 동일)
동일	
기사 없음	기사 없음

연번	『南冥先生別集』「言行總錄」
090	先生嘗與同志之士慨然日 今之學者 每病陸象山之學以徑約爲主 而其爲自己之學 則不先讀小學大學近思而做功 先讀周易啓蒙 不求之格致誠正之次序 而又必欲先言性命之理 則其流弊 不但 象山而已也
091	先生病今之士習偸弊 利欲勝 義理喪 而外假道學 內實懷利 以趨 時取名者 舉世同流 壞心術 誤世道 豈特洪水異端而已 觀其行己 做事 往往專不似學者所爲 俗學輩從而譏誚焉 此固取名蔑實者 之罪也 其間倘有眞實爲學者 亦被假僞之名 誠可痛也 然特患學 不眞實而已 庸何病於此乎
092	宇顒初見求敎 先生日 沈潛底人 須剛克做事 天地之氣剛 故不 論甚事 皆透過
093	宇顒又請敎 先生舉古語誨之日 行己之初 當如金玉 不受微塵 之汚
094	先生與金孝元書日 如今時俗 汚毀已甚 要須壁立千仞 頭分支解 不爲時俗所移 然後方可做成吉人
095	先生嘗謂學者日 爲學要先使知識高明 如上東岱 萬品皆低 然後 惟吾所行 自無不利
096	先生語宇顒述日 汝等於出處 粗有見處 吾心許也 士君子大節 唯 在出處一事而已
097	先生謂宇顒述日 天下第一鐵門關 是花柳關也 汝等能透此關否 因戱言此關能銷鑠金石
098	先生日 恒居 不宜與妻孥混處 雖資質之美 因循汨溺 終不做人矣
099	先生謂門人日 吾平生有長處 抵死 不肯苟從 汝尙識之
100	李俊民奉母親爲羅州牧時 先生嘗往省之 歸而語門人日 州有金 千鎰者 甚有名字 然每着紅衣 求見守令 殊不似學者模樣 出入官 門 要見官人 非士子之行 諸君切勿爲之也
101	先生被召時 與一齋諸先生 竝在都下 一齋以師道自居 接引後學 門庭塡隘 先生獨杜門掃軌 或有求敎者至 以戱言答之【此下記 先生沈冥韜晦之事】

碧寒亭 手稿本2「言行總錄」	朴絪,『无悶堂集』「南冥先生言行總錄」
先生嘗與同志之士慨然曰 今之學者 每病陸象山之學以徑約爲主 (이하 동 일)	先生嘗與同志之士慨然曰 今之學者 每病陸象山之學以經約爲主 (이하 동 일)
先生曰 今之士習渝弊 利欲勝而義理 喪 外假道學 內實懷利 以趨時取名者 舉世同流 壞心術 誤世道 豈特洪水異 端而已 (이하 동일)	先生病今之士習偸弊 利欲勝而義理 喪 外假道學 內實懷利 以趨時取名者 舉世同流 壞心術 誤世道 豈特洪水異 端而已 (이하 동일)
東岡初見求敎 先生曰 (이하 동일)	東岡初見求敎 先生曰 (이하 동일)
東岡又請敎 先生舉古語誨之曰 (이하 동일)	東岡又請敎 先生舉古語誨之曰 (이하 동일)
동일	동일
先生嘗謂學者曰 爲學要先使知識高 明 如上東岱 (이하 동일)	先生嘗謂學者曰 爲學要先使知識高 明 如上東岱 (이하 동일)
先生語金東岡鄭寒岡曰 汝等於出處 粗有見處 吾心許也 士君子大節 惟在 出處一事而已	先生語金東岡鄭寒岡曰 汝等於出處 粗有見處 吾心許也 士君子大節 唯在 出處一事而已
기사 없음	기사 없음
동일	동일
기사 없음	기사 없음
李俊民奉母親爲羅州牧時 先生嘗往 觀之 歸而語門人曰 (이하 동일) 然每 著紅衣 (이하 동일)	李俊民奉母親爲羅州牧時 先生嘗往 省之 歸而語門人曰 (이하 동일) 然每 著紅衣 (이하 동일)
기사 없음	기사 없음

연번	『南冥先生別集』「言行總錄」
102	先生與吳子强書曰 性與天道 孔門所罕言 和靖有說 程先生止以 莫要輕說 君不察時事耶 手不知灑掃之節 而口談天上之理 夷考 其行 則反不如無知之人 此必有人譏 無疑也 當此時 果儼然冒居 賢者之位 以作虛僞之首耶 …… 僕平生不執他技 只自觀書而已 口欲談理 豈下於衆人乎 猶不肯屑有辭焉 君每不察
103	先生語門弟子曰 此何等時也 何等地也 虛僞之徒 盡是獶楦 於此 而儼然冒處賢者之位 若宗匠然 可乎 吾欲混混處世 無異於杯酒 間人也 亦何叫呶使氣 若忘物者然乎 今吾只是自守其身 邁邁逃 走重名之下 老夫非無所見而然也
104	先生尙論古人 不拘前言 更求一段新意【此下記先生論古今君子 行事得失】
105	先生曰 寒暄先生 爲部參奉時 鬼服百戲 一依上官所指 後生以其 苟從合汚爲嫌 先生當時自知名重 不欲自別於庸人 非大賢以上 固不及此矣
106	先生曰 寒暄先生 始號爲簑翁曰 雖逢大雨 外濕而內不濡 旣而改 之曰 爲名以露 非處世渾然之道也 觀此兩事 則先生德器謹厚 出 於天性 人禍所不及者 而終不免者 天也
107	先生曰 復古學聖賢之道 而致知之見不明 當時大小尹之禍 朝夕 必發 國勢杌捏 愚婦所知 猶不早退於官卑之日 以至於負重而不 可解 流死異域 恐虧於明哲之見也
108	先生在山天齋 有一文士 入雙溪 訪靑鶴洞 歷五臺寺 來謁先生 因言赭山爲田 山容濯濯 此其欠也 先生曰 渠實自取 巉然截然 孰能犯之
109	門人有論人之長短 政之得失 先生曰 論人非君子自治之急務 時 政亦非學者之所豫 諸君姑舍是
110	先生常患世之學者 舍人事而談天理 河公沆柳公宗智諸人 天資 高敏 每談性命之理 亹亹不厭 先生曰 下學上達 自有階梯 諸君 知未
111	先生在兎洞雷龍舍時 嘗養白鴨一雙 方其汨沒淤泥 緇汚可惡 及 其沐浴淸波 皜皜其質 先生感而興喟曰 凡爲自養 不可不愼
112-1	先生嘗論圃隱出處曰 禑昌之是辛是王 不容辨說 其時 辛旽穢亂 朝家 崔瑩侵犯上國 非君子仕宦之時 而猶不去 是甚可疑

碧寒亭 手稿本2「言行總錄」	朴絪, 『无悶堂集』「南冥先生言行總錄」
기사 없음	기사 없음
기사 없음	기사 없음
동일 (110번 뒤에 위치)	동일 (110번 뒤에 위치)
동일	동일
동일	동일
기사 없음	기사 없음
동일 (111번 뒤에 위치)	동일 (111번 뒤에 위치)
동일	동일
先生嘗患世之學者 舍人事而談天理 河公沆柳公宗智諸人 天姿高敏 (이하 동일)	先生常患世之學者 舍人事而談天理 河公沆柳公宗智諸人 天資高敏 (이하 동일)
동일 (100번 뒤에 위치)	동일 (100번 뒤에 위치)
기사 없음	기사 없음

연번	『南冥先生別集』「言行總錄」
112-2	鄭寒岡曰 南冥先生 嘗以鄭圃隱出處爲疑 鄙意圃隱一死 頗可疑 爲恭愍王朝大臣三十年 於不可則止之道 已爲可愧 又事辛禑父子 謂以辛爲王出歟 則他日放出 己亦預焉 何也 十年服事 一朝放殺 是可乎 如非王出 則呂政之立 嬴氏已亡 而乃尙無恙 又從而食其祿 如是而有後日之死 深可未曉
113	先生曰 一蠹天嶺之儒宗也 學問淵篤 吾道有依 不幸爲燕山所殺
114	先生曰 寒暄孝直 皆不足於先見之明

碧寒亭 手稿本2「言行總錄」	朴絪, 『无悶堂集』「南冥先生言行總錄」
기사 없음	기사 없음
先生曰 一蠹 天嶺之儒宗也 學問淵篤 吾道有依 不幸爲燕山所害	先生曰 一蠹 天嶺之儒宗也 學問淵篤 吾道有依 不幸爲燕山所殺
기사 없음	기사 없음